## O bagaço da cana

EVALDO CABRAL DE MELLO nasceu no Recife em 1936 e atualmente mora no Rio de Janeiro. Estudou Filosofia da História em Madri e Londres. Em 1960, ingressou no Instituto Rio Branco e dois anos depois iniciou a carreira diplomática. Serviu nas embaixadas do Brasil em Washington, Madri, Paris, Lima e Barbados, e também nas missões do Brasil em Nova York e Genebra e nos consulados gerais do Brasil em Lisboa e Marselha.

É um dos maiores historiadores brasileiros, especialista em História regional e no período de domínio holandês em Pernambuco no século XVII, assunto sobre o qual escreveu vários livros, como *Olinda restaurada* (1975), sua primeira obra, *Rubro veio* (1986), sobre o imaginário da guerra entre Portugal e Holanda, e *O negócio do Brasil* (1998), sobre os aspectos econômicos e diplomáticos do conflito entre portugueses e holandeses. Sobre a Guerra dos Mascates e a rivalidade entre brasileiros e portugueses em seu estado natal publicou *A fronda dos mazombos* (1995). Escreveu ainda, entre outros, *O norte agrário e o Império* (1984), *O nome e o sangue* (1989), *A ferida de Narciso* (2001) e *Nassau: governador do Brasil Holandês* (2006), este para a Coleção Perfis Brasileiros, da Companhia das Letras.

Evaldo Cabral
de Mello

# O bagaço da cana
*Os engenhos de açúcar
do Brasil holandês*

PENGUIN
COMPANHIA DAS LETRAS

Copyright © 2012 by Evaldo Cabral de Mello

*Grafia atualizada segundo o Acordo Ortográfico da Língua Portuguesa de 1990, que entrou em vigor no Brasil em 2009.*

Penguin and the associated logo and trade dress are registered and/or unregistered trademarks of Penguin Books Limited and/or Penguin Group (USA) Inc. Used with permission.

Published by Companhia das Letras in association with Penguin Group (USA) Inc.

PROJETO GRÁFICO PENGUIN-COMPANHIA
Raul Loureiro, Claudia Warrak

PREPARAÇÃO
Célia Euvaldo

MAPA DA P. 8
Sonia Vaz

REVISÃO DO ÍNDICE
Luciano Marchiori

REVISÃO
Huendel Viana
Arlete Zebber

Dados Internacionais de Catalogação na Publicação (CIP)
(Câmara Brasileira do Livro, SP, Brasil)

Mello, Evaldo Cabral de,
O bagaço da cana: os engenhos de açúcar do Brasil holandês/ Evaldo Cabral de Mello. — 1ª ed. — São Paulo: Penguin Classics Companhia das Letras, 2012.

ISBN 978-85-63560-46-9

1. Brasil — História — Domínio holandês 2. Brasil, Nordeste — História. 3. Cana-de-açúcar — Brasil — História 4. Engenhos de açúcar — Brasil — História I. Título.

12-02993                                           CDD-981

Índice para catálogo sistemático:
1. Brasil: Engenhos de açúcar: História 981

[2012]
Todos os direitos desta edição reservados à
EDITORA SCHWARCZ S.A.
Rua Bandeira Paulista, 702, cj. 32
04532-002 — São Paulo — SP
Telefone: (11) 3707-3500 Fax: (11) 3707-3501
www.penguincompanhia.com.br
www.companhiadasletras.com.br
www.blogdacompanhia.com.br

*Para que algo fique interessante, basta contemplá-lo demoradamente.*

GUSTAVE FLAUBERT

# Sumário

| | |
|---|---|
| As fontes | 9 |
| Antes dos holandeses | 18 |
| Os desastres da guerra | 31 |
| Euforias nassovianas | 36 |
| O grande calote | 43 |
| Os engenhos de açúcar do Brasil holandês | 57 |
| I. Capitania de Pernambuco | 57 |
| II. Capitania de Itamaracá | 144 |
| III. Capitania da Paraíba | 155 |
| IV. Capitania do Rio Grande | 169 |
| *Notas* | 173 |
| *Abreviaturas* | 194 |
| *Glossário* | 197 |
| *Distribuição geográfica dos engenhos de açúcar* | 199 |
| *Índice dos engenhos* | 200 |
| *Índice dos senhores de engenho* | 203 |

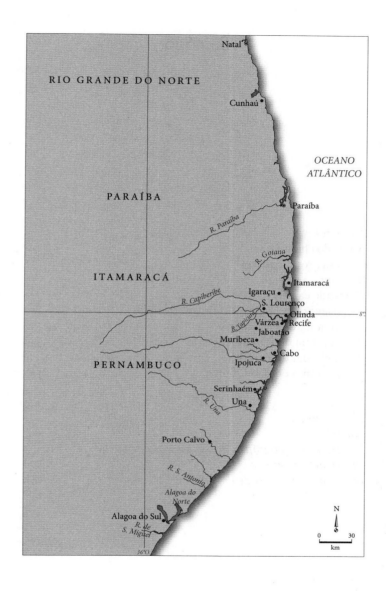

# As fontes

Como o bagaço da cana, este cadastro é também um subproduto, no caso, das pesquisas do autor sobre o Brasil holandês. Ao remeter ao rés do chão da atividade açucareira, ele constitui antes obra de compilador ou de antiquário de província do que de historiador, podendo, contudo, ser útil ao estudioso não só do domínio batavo mas da economia canavieira do Nordeste oriental na primeira metade do século XVII. Economia que se inscreve na fase inicial da expansão colonial do Atlântico, desde a implantação das primeiras fábricas na Madeira e nas Canárias em finais do século XV até a crise do preço do açúcar em meados do XVII. Altura em que incrementos substanciais de escala produtiva abriram uma nova fase na história do produto, com a ascensão das colônias inglesas e francesas das Antilhas, a começar por Barbados.

As fontes em que se baseia a presente compilação têm origem luso-brasileira e neerlandesa. Pela riqueza da informação, elas representam um corpus documental sem paralelo na história do Brasil colonial. Os primeiros textos correspondem ao período *ante bellum*, consistindo nas denunciações e confissões relativas à visita inquisitorial de 1593-5; na relação dos engenhos elaborada em 1609 por Diogo de Campos Moreno; e na lista de 1623 preparada por José Israel da Costa. Tais documentos podem ser complementados, neste ou naquele ponto, pelos processos inquisitoriais referentes a Pernambuco, ora no acervo do Arquivo Nacional da Torre do Tombo (Lisboa), ora pelas denunciações e confissões da Bahia, que incluem material relativo a Pernambuco. Subsidiariamente, existem as fontes luso-brasileiras de índole administrativa como os "Livros das saídas das urcas do porto do Recife (1595-1605)", a "Relação de Ambrósio de Siqueira da receita e despesa do Estado do Brasil (1605)", ambas reveladas por J. A. Gonsalves de Mello; a correspondência do governador-geral Gaspar de Souza (1612-6), que permaneceu boa parte da sua administração em Olinda; os livros primeiro e segundo do governo do Brasil; a relação dos engenhos preparada em 1655, à raiz da restauração do Nordeste; e alguns documentos publicados por estudiosos da terra. Mencionem-se também as crônicas luso-brasileiras que versaram as guerras holandesas, como *O valeroso Lucideno*, de frei Manuel Calado, e a *História da guerra de Pernambuco*, de Diogo Lopes de Santiago. Cabe aludir também à *Nobiliarquia pernambucana*, redigida em meados do século XVIII por A. J. V. Borges da Fonseca.

As fontes neerlandesas abrangem antes de tudo os cadastros elaborados entre 1635 e 1639, relativos a áreas específicas, como os relatórios de Servaes Carpentier (1635) e de Elias Herckman (1639) sobre a Paraíba, o de Willem Schott (1636) sobre as freguesias do sul do atual estado de Pernambuco e o de J. van Walbeck e H. de Moucheron sobre Alagoas (1643). Mas compreendem também todo o Brasil holandês, como o "Breve discurso sobre o estado das quatro capitanias conquistadas" (1637) e o relatório de Adriaan van der Dussen (1639). A cartografia de Markgraf e de Golijath permite localizar os engenhos e até registra uns poucos que não constam dos relatórios. Por fim, pode-se recorrer às atas do governo holandês do Recife; às listas dos devedores da WIC (1645 e 1663); às obras de funcionários da empresa como Johannes de Laet, Johan Nieuhof e Pierre Moreau; à relação de viagem do Recife a Alagoas, de Adriaan van Bullestrate (1642); e a folhetos holandeses da época como "A bolsa do Brasil" (1647).

A bibliografia subsidiária compreende em primeiro lugar os trabalhos de J. A. Gonsalves de Mello, a quem se deve o esforço mais amplo e sistemático de divulgação da documentação histórica pernambucana alusiva ao sistema açucareiro, tarefa que encetou nos anos 1940, quando se dispunham apenas das pesquisas de F. A. Pereira da Costa quase meio século antes. Posteriormente, surgiram as contribuições de Olímpio Costa Júnior, Manuel Diégues Júnior, Gil de Metódio Maranhão, Fernando Pio dos Santos, Joaquim de Sousa-Leão Filho, Rachel Caldas Lins e Gilberto Osório de Andrade e, ultimamente, de Regina Célia Gonçalves. A procedência de todas as informações utilizadas nesta compilação constam das notas correspondentes a cada engenho.

As *Denunciações de Pernambuco* e, em bem menor escala, as *Confissões de Pernambuco*, bem como o acervo da Inquisição de Lisboa permitem compor a lista dos senhores de engenho em 1593-5, alguns deles proprietários de mais de uma fábrica. Em 1585, o padre Anchieta referia a existência de 66 engenhos, cifra que coincide basicamente com a de Domingos Abreu de Brito pela mesma época. Na documentação inquisitorial, muitas fábricas são mencionadas exclusivamente pelo nome do dono, mas o escriba do Santo Ofício (cuja magnífica caligrafia o torna credor da gratidão dos pesquisadores) teve o cuidado de acrescentar certas qualificações com vistas à identificação e posterior interrogação de acusados ou de testemunhas citadas. A primeira dessas qualificações é a da freguesia onde se situava o engenho, mas o funcionário podia ser mais explícito, registrando ademais o local específico no interior dela. Ocorria também dupla homonímia: se Agostinho de Holanda designava seu engenho de Santo Agostinho, nome do orago, seu feitor o chamava Subipema. A grafia era também volátil: Subipema transforma-se em Supupema nas fontes holandesas. Observe-se também que, em muitos casos, os engenhos são designados apenas por "fazendas" ou "terras", em função da sinonímia prevalecente entre fazenda, terras e engenho. A palavra "engenho" denotará posteriormente o conjunto consistente na fábrica e no fundo territorial, mas em 1593-5 reportava-se somente à fábrica ou ao que depois ficaria conhecido por "moita", isto é, casa de moenda, casa de caldeira e casa de purgar. Os vocábulos "fazenda" e "terras" correspondiam por sua vez ao fundo territorial. Daí a menção, por exemplo, ao "engenho da fazenda de Fernão Soares"; ou a identificação de certo depoente como "purgador do engenho da mesma fazenda".

De 1593-5 a 1655, sucedem-se, grosso modo de quinze em quinze anos, novas listas de proprietários, a começar pela "Relação das praças-fortes, povoações e coisas de importância que Sua Majestade tem na costa do Brasil", concluída em 1609 por Diogo de Campos Moreno, sargento-mor do Estado do Brasil, como preparação para o seu "Livro que dá razão do Estado do Brasil" (1612). A "Relação", que jazia ignorada no Arquivo Nacional da Torre do Tombo, foi divulgada e anotada por Gonsalves de Mello na *Revista do Instituto Arqueológico, Histórico e Geográfico Pernambucano*, LVII (1984). O documento enumera 81 engenhos nas capitanias de Pernambuco, Itamaracá e Paraíba, referindo a localização e o proprietário de cada um deles. O rol de Campos Moreno, utilizado por Rodrigo Ricupero em seu recente trabalho sobre a formação da elite colonial, baseou-se certamente em documentos de natureza fiscal, possivelmente incompletos ou inatuais, uma vez que na "Razão do Estado do Brasil" o sargento-mor aludirá a 113 engenhos: noventa em Pernambuco, dez em Itamaracá, doze na Paraíba e um no Rio Grande do Norte.

O terceiro levantamento disponível data de 1623 e foi igualmente editado por Gonsalves de Mello. Trata-se da relação dos engenhos de Pernambuco, Itamaracá e Paraíba, elaborada por José Israel da Costa, sob a forma de memorial dirigido ao governo neerlandês, o qual, embora datado de 1636, contém informações relativas a treze anos antes. José Israel da Costa anotou minuciosamente a capacidade de produção de cada fábrica em termos de açúcar macho, isto é, branco e mascavado, e de retame; e a fidedignidade das suas informações pode ser comprovada, como fez Gonsalves de Mello, mediante a comparação com os dados do relatório de Willem Schott, já no período holandês.

À lista de José Israel da Costa, que enumera 137 engenhos, seguem-se os relatórios produzidos por autoridades holandesas nos anos 1630. O "Breve discurso sobre o estado das quatro capitanias conquistadas" foi preparado ao cabo do primeiro ano de governo do conde de Nassau, e o "Relatório sobre o estado das quatro capitanias conquistadas no Brasil", de autoria de Adriaan van der Dussen, membro do Alto Conselho do Brasil Holandês, dois anos depois. Uma comparação desses textos deixa a impressão de que o "Breve discurso" optou por ignorar as fábricas que em 1637, quando da sua redação, estavam arruinadas ou destruídas, ao passo que Van der Dussen computou-as todas, independentemente da sua situação real. Em 1634 o relatório de Johan van Walbeeck calculara existirem "mais de 150 engenhos". Embora as informações corográficas aí contidas pareçam estar baseadas no relatório de Adriaan Verdonck (1630), este dera um mínimo de 136 engenhos e um máximo de 145. Contudo, em 1636, já se falava nos Países Baixos no total de 160 engenhos para as quatro capitanias conquistadas, a que também alude Chrestofle Arciszewski em carta a Nassau no ano seguinte. Cifra que será praticamente confirmada pelo relatório de Van der

Dussen, que contém 166 fábricas, das quais cumpre deduzir umas poucas, por dupla contagem.

Restaurado o Nordeste, elaborou-se em 1655 o "Traslado do rendimento das pensões, redízima e vintena e outras coisas mais que esta capitania de Pernambuco pagava ao donatário d. Miguel de Portugal". O trabalho escorou-se nos esclarecimentos prestados pelas autoridades luso-brasileiras sobre o montante da pensão paga pelos engenhos da capitania aos antigos donatários, tendo em vista que, incorporado Pernambuco ao patrimônio da Coroa, o tributo reverteu ao erário régio. O "Traslado" é, assim, uma fonte de interesse primordialmente fiscal, que, contudo, permite aquilatar o grau de destruição que a guerra da restauração infligira ao sistema açucareiro. Infelizmente, devido à evacuação do norte de Pernambuco e também das capitanias de Itamaracá, Paraíba e Rio Grande do Norte em 1646, ao iniciar-se a nova fase do conflito, o documento não arrola os engenhos daquela área, limitando-se às fábricas compreendidas entre a ribeira do Capibaribe (Várzea e São Lourenço) e as Alagoas, no total de 109.

Os elementos aqui compilados dizem respeito à localização das fábricas; aos oragos das suas capelas; à força motriz (água-animal); ao número de moendas; à época da fundação do engenho; à sua alienação por herança e compra e venda, e pelo confisco e revenda por parte das autoridades neerlandesas; aos preços e condições de pagamento das unidades revendidas; ao montante da pensão paga outrora ao donatário, a qual passou a ser cobrada pela WIC; à gestão e ao arrendamento de engenhos e partidos de cana; à capacidade das unidades produtivas; ao número de lavradores de cana e à produção dos seus partidos; ao endividamento dos senhores de engenho à Companhia das Índias Ocidentais; à destruição de canaviais e de fábricas em decorrência de operações bélicas; ao absenteísmo dos proprietários etc. A carência básica dessa documentação reside na falta de informações sobre a mão de obra escrava e outras categorias de dados, carências que desaconselham sua utilização acrítica. Tanto o "Breve discurso" quanto o relatório de Van der Dussen foram elaborados num período de reorganização do sistema produtivo afetado pelos anos de guerra e, por conseguinte, de imprecisão e incerteza quanto aos meios de que efetivamente dispunham os engenhos. Àquela altura, muitos deles ainda não haviam conseguido refazer seus quadros de lavradores, parte dos quais abandonara o Brasil holandês, ao passo que outra não se achava em condições de renovar seus contratos de fornecimento.

Nesta compilação, os nomes pelos quais são arrolados os engenhos do Brasil holandês equivalem via de regra aos que constam do relatório de Van der Dussen, a menos que ele o tenha omitido. A grafia foi devidamente corrigida. Aliás, a nomenclatura de Van der Dussen não coincide rigorosamente nem com a dos demais relatórios nem com a dos mapas de Markgraf e Golijath. Adotou-se também a sequência em que Van der Dussen enumerou os engenhos em relação a cada distrito, mas não a que utilizou no conjunto do relatório, preferindo-se começar pela Várzea do Capibaribe, que constituiu o núcleo principal do sistema açucareiro de toda a região, embora as primeiras fábricas construídas em meados do século XVI o tenham sido na vizinha várzea do Beberibe e em Igaraçu.

No início da colonização, recorrera-se por motivos fiscais ao costume madeirense de designar a fábrica e a fazenda pelo nome do proprietário. Quando ele possuía mais de um engenho, a distinção era cronológica: "engenho Velho" e "engenho Novo" de fulano de tal. A prática caiu em desuso ao acelerar-se a transmissão por herança ou por compra e venda, sobretudo durante o período holandês, quando o confisco e a revenda promoveram a renovação substancial dos quadros açucarocráticos. Generalizou-se assim o costume de designar os engenhos consoante o orago da capela ou o topônimo indígena, a que já se recorria no cotidiano do período *ante bellum*. É nos documentos oficiais que a designação pelo nome do proprietário resiste por mais tempo, em consequência da natureza fiscal desses textos. Só nas fontes holandesas é que prevalece o nome do orago ou o topônimo indígena, geralmente o do rio ou riacho em cujas margens localizara-se a fábrica.

Cumpre mencionar igualmente as fontes de que dispõe o historiador que desejar reconstituir o endividamento dos colonos do Brasil holandês. A primeira é a "Generale staet van de Geoctroyeerde West Indische Compagnie getroken uit de balance van de generale boecken gesloten ultimo Dec. 1645", existente no Arquivo Geral do Reino (Haia), Oude WIC, maço n. 62 (1646). Trata-se do balanço da WIC no Brasil a 31 de dezembro de 1645, ou seja, seis meses decorridos da insurreição luso-brasileira, que liquidara o domínio batavo no interior, relegando-o ao Recife e às demais praças-fortes litorâneas. A segunda fonte é a "Lista dos devedores portugueses da neerlandesa Companhia das Índias Ocidentais", elaborada pela direção da empresa em 1663, na esteira do tratado de paz entre Portugal e os Países Baixos (1661), o qual previra a indenização das dívidas contraídas pela comunidade luso-brasileira com a WIC, quer dívidas comerciais correntes, relativas sobretudo à aquisição de mão de obra africana e ao financiamento das safras, quer dívidas de maior prazo pertinentes à aquisição dos engenhos confiscados aos donos de origem portuguesa que haviam abandonado o Nordeste à raiz da sua perda. Na mesma oportunidade, a direção da WIC preparou uma "Lista dos engenhos vendidos" a cidadãos dos Países Baixos, "cujos preços, no todo ou em parte, ainda não foram pagos". A lista dos devedores portugueses foi impressa inicialmente nas *Publications of the American Jewish Historical Society*, em 1934. J. A. Gonsalves de Mello o traduziu com base no original pertencente à Historical Society, da Pensilvânia, publicando-o como o apenso II ao *Relatório sobre as capitanias conquistadas no Brasil pelos holandeses (1639)*, de autoria de Adriaan van der Dussen (Rio de Janeiro, 1947, pp. 149-57). No mesmo volume, Gonsalves de Mello divulgou a "Lista dos engenhos vendidos" a cidadãos neerlandeses, extraída das atas do Conselho dos XIX correspondentes a 1663, também em poder da *Historical Society* (ibid., pp. 157-61).

No final desta compilação, encontram-se os índices de nomes de engenho e de senhores de engenho que habilitarão os estudiosos a cruzar as informações relativas, entre outras, aos detentores de mais de uma fábrica, donde as inevitáveis repetições dos verbetes. Relativamente a vários proprietários listados em 1593-5, 1609 e 1623, não foi possível identificar os respectivos engenhos.

# Antes dos holandeses

Pela altura da ocupação batava, pode-se computar, na faixa litorânea que se estende do sul do Rio Grande do Norte ao centro do atual estado de Alagoas, o total de 162 engenhos de açúcar, a grande maioria concentrada em Pernambuco entre a várzea do Capibaribe e o rio Formoso. Praticamente quase todos haviam sido construídos no período compreendido entre o começo da colonização por Duarte Coelho e os anos 1620, embora várias das primeiras fábricas levantadas já tivessem desaparecido em 1630, como foi o caso, entre outros, do primeiro engenho pernambucano, pertencente ao donatário, sito à margem direita do rio Beberibe, ou do engenho que seu cunhado, Jerônimo de Albuquerque, erguera na margem oposta. Mesmo na Paraíba, de povoamento mais recente, os engenhos fundados por Jorge Tomás em Gramame já não existiam em 1630. Acerca das primeiras fábricas pernambucanas, suspeita-se da precariedade com que operaram no decurso de 1540--60. Seu próprio número é duvidoso. Duarte Coelho em 1549 referia-se a cinco, que J. A. Gonsalves de Mello identificou. Contudo, em 1555, ao reportar os recentes ataques da indiada, Jerônimo de Albuquerque dirá que "dois engenhos se perderam em quase três [que existiam] no tempo desta guerra".

O foral outorgado por d. João III a Duarte Coelho isentara os "moradores e povoadores" de sua capitania do pagamento de direitos e tributos sobre os produtos exportados para o Reino e conquistas, exceto no tocante à sisa, reconhecendo-lhes mesmo o privilégio de levá-los do Reino a outras partes se assim o desejassem, "sem se verem constrangidos a descarregar suas mercadorias nem as vender em algum dos ditos portos ou vilas contra suas vontades, se para outras partes antes quiserem ir fazer seus proveitos". Destarte, Duarte Coelho passou alvarás a "pessoas nobres e poderosas", residentes em Portugal, para que pudessem gozar de tais concessões, caso viessem "por si, ou por pessoa sua, povoar e fazer engenhos". Essa expectativa de atrair os indispensáveis capitais do Reino foi em breve frustrada pelas autoridades fazendárias da Coroa, pois o regimento dado ao governo geral da Bahia em 1649 interpretou tais favores no sentido restritivo de que só beneficiasse os colonos residentes na terra, causando a retração dos cabedais que em Portugal dispor-se-iam a vir. À raiz do falecimento de Duarte Coelho em 1554, a colonização de Pernambuco estagnara em torno dos dois núcleos de povoamento já implantados em torno de Igaraçu e de Olinda.

A história do engenho Camaragibe é bem reveladora das dificuldades com que lutaram os sesmeiros de meados do século XVI, em especial a carência de recursos financeiros. Em 1542, a doação à parceria de Diogo Fernandes, comerciante de tecidos em Viana do Minho, com Pedro Álvares Madeira, provavelmente madeirense versado nas técnicas de produção do açúcar, fora feita sob a condição de erguerem engenho à beira de afluente da margem esquerda do Capibaribe. Contudo, este objetivo só se concretizará mais de vinte anos depois. Como de praxe, a ocupação da data de terra começou pelo cultivo de lavoura de subsistência e pela plantação de canaviais, cuja matéria-prima seria moída no engenho do donatário. Entretanto, em 1554-5, quando a propriedade foi devastada por um ataque de índios, a fábrica ainda não estava construída nem havia perspectiva para os sócios de que pudessem fazê-lo com a brevidade que evitasse a revogação da mercê.

Salvou-os a intervenção de Bento Dias de Santiago, natural do Porto e comerciante em Olinda, que participara havia pouco da ofensiva deflagrada pelo segundo donatário, Duarte de Albuquerque Coelho, contra o gentio do sul de Pernambuco, a qual abrira uma nova fronteira agrícola, "as terras do Cabo", entenda-se, a região situada ao sul do cabo de Santo Agostinho (a qual constitui a chamada "mata úmida" ou meridional), reputadas justamente "as mais férteis e melhores" da capitania. Frei Vicente do Salvador atribuiu a iniciativa ao incremento da emigração do Reino, sequiosa de novas terras. Na realidade, então já se fazia sentir a pressão altista sobre os preços do açúcar, a qual, prolongando-se grosso modo até começos do século XVII, gerou o boom açucareiro dos três derradeiros decênios de Quinhentos. Ademais, em 1560 a Coroa concedeu ao colono que levantasse engenho de açúcar a isenção do pagamento dos impostos da dízima e da sisa (em torno de 20%) durante o prazo de dez anos, findo os quais passaria a pagar a "meia liberdade", de 10%, limitada ao decênio consecutivo.

Bento Dias de Santiago, segundo o donatário "homem rico", de "muita fazenda e escravaria e bois e carros e outras coisas necessárias" e que a partir de 1575 arrematará a cobrança dos dízimos do açúcar, é designado em documentos coevos por "armador de Camaragibe", ou seja, contratador do pau-brasil cortado naquela área. Em 1663, ele concluiu com Diogo Fernandes e sócio o acordo que permitiu finalmente edificar a fábrica, com o beneplácito do donatário, que parcelou o fundo territorial entre os três membros da sociedade, conferindo ao mercador a parte do leão. Transformados em sócios menores, os sesmeiros de 1542 passaram a responder pelas operações do engenho, uma parceria que foi frequente no Brasil e nas colônias inglesas do Caribe, onde era designada por *mateship*.

Na esteira das expedições organizadas pelo segundo donatário contra a indiada que habitava ao sul dos montes Guararapes, o sistema de produção açucareira demarrou efetivamente nos anos 1570, extrapolando os núcleos em torno de Igaraçu e na Várzea do Capibaribe. O que se designava por Várzea do Capibaribe correspondia basicamente à planície de aluvião em que se transformara a enseada pré-histórica, limitada a leste pelo cordão de arrecifes e a oeste pelos oiteiros terciários em forma de semicírculo, que vão desde Olinda ao norte até os Guararapes ao sul — área que atualmente constitui a cidade do Recife. No último quartel do século XVI, os canaviais espraiavam-se por aquelas bandas: de 1577, data o engenho São Pantaleão; e do período 1560-72 o Santo Antônio, e, plausivelmente, o Nossa Senhora das Necessidades, depois Tourlon, ambos levantados por Diogo Gonçalves. Eram fábricas invariavelmente localizadas à margem do Capibaribe e, subsidiariamente, dos seus afluentes. Como há muito salientou Josué de Castro, elas exerceram "uma extraordinária influência na direção que tomou a cidade [do Recife] em sua evolução", como indica o fato de que a denominação de muitos dos bairros atuais corresponde à desses primeiros engenhos. A história urbana da capital de Pernambuco é a da "fusão quase que total desses centros ganglionares", que a habilitou a ocupar "quase toda a planície do Recife, com a sua forma de leque aberto e com seu sistema radioconcêntrico em torno do porto".

Contudo, já nos derradeiros anos do século XVI, a expansão açucareira tendia a estabilizar-se, na Várzea do Capibaribe, no nível de quinze ou dezesseis engenhos, o mesmo existente ainda ao tempo da ocupação holandesa. Estabilização que também se verificara em freguesias adjacentes, como Igaraçu, São Lourenço e Jaboatão, mas não em Muribeca, onde entre 1593 e 1639 as fábricas quase duplicaram. Dispondo de solos e de pluviosidade mais aptos à cultura da cana e também de maiores facilidades do transporte fluviomarinho, as freguesias litorâneas ao sul do Recife constituíram a ponta de lança da grande expansão açucareira do período *ante bellum*. No Cabo, o número de engenhos duplicou entre 1593 e 1609; e em Ipojuca, cresceu sete vezes. No período 1609--30, em Sirinhaém-Una, houve aumento de quatro vezes; e em Porto Calvo, de cinco. Em Alagoas, porém, as fábricas ainda não passavam de seis quando da ocupação batava. Na capitania de Itamaracá e na Paraíba, regiões de "mata seca", a expansão ocorreu primeiro em Goiana e na várzea do Paraíba, onde se levantaram as primeiras fábricas em finais do século XVI; e a partir de 1609 nos distritos de Abiaí, Tejucopapo e Araripe. Quanto ao Rio Grande, ergueram-se apenas dois engenhos.

A classificação proposta pelos *Diálogos das grandezas do Brasil* e utilizada por Gonsalves de Mello para a lista de 1623 discrimina entre os engenhos de grande porte (acima de 6 mil arrobas de açúcar), de porte médio (acima de 3 mil arrobas) e de pequeno porte (abaixo de 3 mil arrobas). Na Várzea, 43% da produção de açúcar procedia dos engenhos de grande porte, 36% dos de porte médio e 21% dos de pequeno porte. Que o engenho d'água não era sinônimo de nível superior de produção, deduz-se da constatação de que, dos engenhos de maior porte, 66% eram de bois, 33% de água. Em compensação, 60% dos engenhos de porte médio eram d'água; e os de pequeno porte invariavelmente de bois. Em Igaraçu, 44% da produção provinha de engenhos médios, 44% de pequenos e apenas 12% de grandes.

Passando aos distritos interiores de Pernambuco, 60% da produção de São Lourenço originava-se nos engenhos grandes e 40% nos pequenos; em Muribeca, em 43% dos grandes e 57% dos médios; e em Jaboatão, em 60% dos grandes e 40% dos médios. Nas freguesias litorâneas, 40% da produção do Cabo correspondia aos grandes, 50% aos médios e 10% aos pequenos; 29% da produção de Ipojuca equivalia aos grandes, 50% aos médios e 21% aos pequenos; 55% da produção de Sirinhaém-Una estava a cargo dos grandes, 27% dos médios e 18% dos pequenos. Da produção de Porto Calvo, 57% procedia dos médios e 43% dos pequenos. Nas Alagoas, os grandes respondiam por apenas 17% da produção e os pequenos por nada menos de 83%. Na capitania de Itamaracá, 50% da produção de Goiana processava-se nos grandes, 37,5% nos médios e 12,5% nos pequenos; e da produção de Abiaí-Tejucopapo-Araripe, 66% nos médios e 34% nos pequenos. Na Paraíba, 65% da produção vinha dos médios, 17,5% dos grandes e 17,5% dos pequenos.

A despeito da zona da mata achar-se drenada, especialmente na mata úmida ao sul do Recife, por uma rede de pequenos rios, cujo papel crucial no desenvolvimento da agroindústria açucareira foi há muito ressaltado por Gilberto Freyre, o fato é que nada menos de 52% dos engenhos da região eram movidos por bois. Curiosamente, Igaraçu e Jaboatão, freguesias menos bem desservidas hidrograficamente, eram as únicas cujas fábricas eram todas movidas a água. Nos distritos interiores, enquanto em São Lourenço dois terços dos engenhos dependiam dos bois, em Muribeca a proporção igualava-se. Cabe aduzir que a tração animal era exclusivamente a bovina, pois ainda não se utilizavam cavalos. Nas freguesias litorâneas, manifestava-se com mais vigor a utilização hídrica no acionar das moendas: 71% das fábricas de Sirinhaém, 77% das do Cabo e 86% das de Ipojuca. A situação não é clara no tocante a Porto Calvo e às Alagoas, pois nem o "Breve discurso" nem o relatório de Van der Dussen aludem à força motriz dos seus engenhos, embora documento posterior pretenda que 50% dos de Porto Calvo eram d'água, bem como todos os das Alagoas. Quanto à capitania de Itamaracá, em Goiana, 83% dos engenhos eram d'água; e em Abiaí-Tejucopapo-Araripe, 89% eram de bois. Na Paraíba, 66% eram d'água.

Analisando o Recôncavo baiano, Stuart B. Schwartz alertou os estudiosos contra a tendência a "considerar a sociedade colonial do Brasil como um sistema estático no qual famílias extensas mantinham seu domínio ao longo de gerações". Na realidade, "alguns senhores de engenho adquiriram duas ou três fábricas, fundando dinastias, enquanto muitos outros perderam tudo em uma geração". Foi o que se verificou também no Nordeste. Em Pernambuco em 1630, dos engenhos da Várzea, de Muribeca ou de Ipojuca, metade havia permanecido com o mesmo proprietário ou seus herdeiros; a outra tinha sido objeto de compra e venda, operação que no caso de algumas fábricas repetira-se duas ou três vezes. Dos dez engenhos de Igaraçu, seis haviam sido alienados, uma, duas ou até três vezes; dos nove de Jaboatão, apenas três permaneceram na mesma família. Se o Cabo, Sirinhaém-Una e Porto Calvo passam a impressão de estabilidade (em dezesseis, nove continuaram na mesma família; quinze em dezoito; e sete em dez respectivamente), deve-se no primeiro exemplo à fortuna fundiária acumulada por João Pais Barreto e nos dois outros ao povoamento recente da área. Na capitania de Itamaracá, sete engenhos em dezenove foram transmitidos por compra e venda; e na Paraíba, seis em dezenove.

Dados os ônus da tarefa de povoamento, só uns poucos sesmeiros se transformariam em senhores de engenho. O exemplo mais conspícuo foi seguramente o de João Pais Barreto, que se fixou em Pernambuco por volta de 1557, fugindo provavelmente à sorte avara dos rebentos da pequena nobreza minhota que não gozavam do privilégio da primogenitura. Sua iniciativa de obter da Coroa para seu filho mais velho o título de morgado revelaria talvez uma satisfação de amor próprio pela preterição de que fora vítima, no Reino. O morgadio de Nossa Senhora da Madre de Deus do Cabo de Santo Agostinho só se extinguirá na esteira da lei da Regência, que, no século XIX, deu cabo dos vínculos de toda ordem. Antes disso, porém, o derradeiro morgado, Francisco Pais Barreto, se metamorfoseara em marquês do Recife, graças aos serviços prestados a d. Pedro I quando da Confederação do Equador.

A trajetória dos sesmeiros que se tornaram senhores de engenho recebeu o impulso inicial da já aludida campanha encetada pelo segundo donatário contra os índios caetés. Este foi o caso do mesmo João Pais Barreto, que capitaneou o contingente de vianenses formado com esse propósito, a par dos de portuenses e de lisboetas; como também de Felipe Cavalcanti e de Cristóvão Lins, recompensados com generosas datas de terras no Cabo. Tão generosas que a sesmaria de João Pais Barreto habilitou-o a fundar nada menos de cinco ou seis engenhos em seus limites. Mas ao contrário de Felipe Cavalcanti, que lhe vendeu o Pirapama e foi desbravar a fronteira norte de Goiana, e de Cristóvão Lins, que se desfez da sua fábrica para ir povoar a fronteira sul de Porto Calvo, João Pais permaneceu no Cabo para construir a maior fortuna fundiária de Pernambuco, legando uma fábrica a cada filho.

Se a longo prazo, a condição de sesmeiro-senhor de engenho produziu igualmente a solidez de outras linhagens, a grande maioria deles não resistiria às vicissitudes da guerra e da ocupação holandesas, como no caso dos descendentes de Vasco Fernandes de Lucena, de Diogo Gonçalves ou de Gonçalo Mendes Leitão. O mesmo se deu com os primitivos sesmeiros-senhores de engenho de Itamaracá (como Miguel Álvares de Paiva) e da Paraíba, que se beneficiaram com a doação de datas como recompensa pela participação na conquista e povoamento dessa capitania a partir de 1585: Duarte Gomes da Silveira, ele também fundador mas de fugaz morgadio, João do Souto, Antônio de Valadares, Afonso Neto ou Jorge Camelo. A grande maioria dos sesmeiros vendeu a terra para que outros cultivassem cana e fundassem engenho. Embora os filhos e netos dos primeiros povoadores tivessem herdado os melhores quinhões de terra, eles não dispunham do capital com que utilizá-la a fim de erguer fábrica e comprar escravos. Este trunfo detinham-no os colonos que aportaram de Portugal a partir de 1570, já trazendo cabedais ou explorando aqui mesmo as oportunidades oficiais ou comerciais que lhes permitiriam impor-se econômica e socialmente aos duartinos e seus descendentes, isto é, os colonos fixados ou já nascidos na terra durante o governo de Duarte Coelho, de seus filhos, de seu cunhado Jerônimo de Albuquerque e de sua viúva Brites de Albuquerque.

Sem recursos para fundar engenho ou mesmo partido de cana, pois muitos deles eram artesãos e antigos moradores de Olinda, a maioria dos sesmeiros quinhentistas vendeu sua data ao reinol recém-chegado que já não tinha acesso às terras mais próximas do litoral, mais bem servidas por cursos d'água. Gabriel de Amil, demarcador das terras de Pernambuco, vendeu em 1565 sua sesmaria de Jaboatão a Gaspar Prestes, que, por sua vez, a revendeu a Simão Falcão em 1576. O mesmo fez outro sesmeiro da freguesia, Gaspar Alves de Puga, com o mercador Fernão Soares, que aí levantou engenho. Quem só obtivesse terras nas extremas do povoamento estava fadado ao fracasso, a menos que se tratasse de uma ordem religiosa, como os beneditinos, que, havendo levantado o engenho Mussurepe nas datas de anteriores colonos, obtiveram do donatário a fixação de quantia moderada da pensão a ele devida, de modo a compensar os custos do transporte por terra dos seus pães de açúcar.

Jerônimo de Albuquerque foi certamente o indivíduo mais bem aquinhoado, graças à sua posição de cunhado do primeiro donatário, de irmão da "capitoa", d. Brites, e de tio do segundo e do terceiro donatários. Parte dos seus filhos e genros fundou engenho, como os que herdaram a sesmaria de Sirinhaém. Outros (geralmente os beneficiários da sesmaria da Várzea do Capibaribe) desfizeram-se das suas datas. Quanto ao filho homônimo de Jerônimo, o futuro conquistador do Maranhão, aproveitou-se do cargo de capitão-mor do Rio Grande do Norte nos primeiros anos do século XVII para premiar-se e aos seus com sesmarias quase tão extensas quanto as que o pai ganhara outrora em Pernambuco, fundando para seus descendentes o engenho Cunhaú, que após o domínio holandês se tornará, como o de João Pais Barreto, longevo morgadio.

O exemplo de Jerônimo de Albuquerque, o Maranhão traz à mente, aliás, a utilização do cargo público como meio de aceder à condição de senhor de engenho. Embora não se disponham de dados sobre as atividades anteriormente exercidas por grande número dos açucarocratas que se sucederam entre o começo da colonização e o fim do domínio holandês, os elementos de que o historiador pode lançar mão apontam para a presença expressiva de funcionários régios e donatariais. Ao menos dez ocupantes de funções judiciárias fundaram engenho em Pernambuco: um ouvidor geral do Estado do Brasil (Gaspar de Figueiredo Homem); quatro ouvidores da capitania (Martim Vaz de Moura, Francisco do Amaral, Jorge Camelo, Francisco Quaresma de Abreu, sendo que este último também exerceu o cargo de inspetor-geral do pau-brasil); e três tabeliães (João Velho Prego, Luís Marreiros e Antônio Pinto de Mendonça). À lista, cabe aduzir um escrivão da ouvidoria-geral do Brasil (Fernão Rodrigues Vassalo) e um meirinho da correição (Jaques Peres).

Quase tão importante foi o número de funcionários da Fazenda régia que se fizeram senhores de engenho, o primeiro o próprio feitor ou provedor do erário real, Vasco Fernandes de Lucena. Outros: Simão Falcão de Sousa, Gaspar da Fonseca Carneiro, Vicente Campelo da Costa e Pedro Cadena de Vilhasante. Este, tendo começado como escrivão da Fazenda, Alfândega e Almoxarifado da Paraíba, governou a capitania e exerceu a provedoria da Fazenda Real em Pernambuco, antes de confiar seu engenho paraibano ao irmão e, já durante o período holandês, tornar-se provedor geral do Estado do Brasil, um dos dois ou três cargos mais ambicionados da colônia. Nesta categoria, havia ainda os que ocuparam a função, intensamente disputada, de provedor ou tesoureiro da Fazenda dos Defuntos e Ausentes de Pernambuco: Antônio de Barros Pimentel; Pero Cardigo, que em fins do século XVI possuiu três fábricas na Várzea do Capibaribe e em Jaboatão; e Gaspar Carneiro, que ascendeu posteriormente à provedoria dos Defuntos e Ausentes da Guiné e Brasil em Lisboa, onde seu irmão, Francisco Carneiro, dava as cartas na Casa dos Contos. Como se sabe, as provedorias dos Defuntos e Ausentes acarretava o controle sobre uma massa de recursos que não escapou tampouco às garras do fisco régio, que a utilizou, por exemplo, no financiamento da conquista da Paraíba.

O proveito material que se podia auferir de todas essas funções vem à tona aqui e ali, ao sabor da documentação. Os cargos de Pedro Cadena de Vilhasante não terão evidentemente estorvado a obtenção do vultoso empréstimo com que adquiriu seu engenho paraibano. O ouvidor Jorge Camelo, que fundou duas fábricas em Pernambuco e na Paraíba, fazia ouvidos surdos às queixas contra os abusos praticados pelo grande mercador de Olinda, João Nunes, acusado inclusive de fazer "onzenas cruéis" contra vários senhores de engenho. Que fazer, porém, se a própria Coroa recorria a seus empréstimos em momentos de aperto? As oportunidades de ganho ilícito não escasseavam. Um dos mecanismos de fraude à mão dos funcionários da Fazenda dizia respeito à cobrança de impostos arrendada a particulares, em especial o dízimo do açúcar, que era o mais rentável, e o dízimo sobre os demais produtos. Inquérito sigiloso levado a cabo em 1591 pelo licenciado Domingos de Abreu e Brito denunciou a emissão de certidões falsas, fixando em montante inferior a produção dos engenhos; ou fazendo passar o açúcar proveniente de fábricas cujo prazo de isenção já se esgotara como se se tratasse de produto procedente de fábricas isentas. Havia também a manipulação do arrendamento dos contratos de cobrança de impostos: em 1591, a receita dos dízimos, que deveria proporcionar soma da ordem de 80 mil cruzados anuais, produzia apenas 28 500 cruzados. Havia, por fim, o contrabando descarado, levado a efeito em especial através das embarcações estrangeiras licenciadas pela Coroa portuguesa para tocarem os portos do Brasil. A todas essas práticas, era imprescindível a colaboração, e ela não faltava, dos oficiais da Fazenda, da Justiça e da administração municipal. Abreu e Brito estimava em 200 mil cruzados as perdas anuais do erário régio em Pernambuco. Tampouco a pensão dos engenhos arrecadada pelos donatários livrava-se dessas tramoias.

Os comerciantes de Olinda constituem a terceira categoria onde se recrutaram os senhores de engenho do período *ante bellum*. Via de regra, eles adquiriram fábricas já existentes, visando integrar ambas as atividades. Uns raros são absenteístas, como Gaspar Pacheco, que, do Reino, somou às suas operações financeiras e comerciais a aquisição de dois engenhos em Goiana, confiados a feitores e testas de ferro. Alguns deles, como André do Couto, Duarte Ximenes e João Nunes de Matos, foram os maiores exportadores de açúcar de Pernambuco nos primeiros anos do século XVII. Sob a batuta de Henrique Nunes Correia, residente em Lisboa, seu irmão João Nunes Correia dedicou-se ao financiamento de engenhos, à exportação de açúcar, à importação de mão de obra africana ou à arrematação de contratos de impostos, tornando-se o particular mais poderoso daquele tempo e falando de igual para igual com as autoridades locais e de cima para baixo com os senhores de engenho. Um terceiro irmão, Diogo Nunes Correia, levantou duas fábricas na Paraíba.

Tais mercadores-senhores de engenho são majoritariamente cristãos-novos, como majoritariamente sefardita é, aliás, a comunidade mercantil de Pernambuco. Sua permanência na colônia prolonga-se por vários anos, ao cabo dos quais liquidam o negócio, regressando ao Reino ou domiciliando-se nos Países Baixos. Excepcionalmente (o caso dos irmãos Fernão e Diogo Soares e também de Pero Lopes de Vera), fixam-se em caráter definitivo na terra, onde se casam nas famílias mais proeminentes. Se há quem atue por conta própria, outros são agentes de grandes redes familiares que operam comercialmente em Portugal, na Espanha, em outros países da Europa e em portos do ultramar hispano-português. Exemplo conspícuo é o de Duarte Dias Henrique, que, mercador em Olinda e senhor de engenho em Jaboatão, retornou à Península Ibérica, obtendo o arrendamento altamente lucrativo do contrato de Angola e fazendo parte do seleto clube de banqueiros cristãos-novos que financiou a Coroa espanhola ao tempo do governo do conde-duque de Olivares.

# Os desastres da guerra

Quando, em janeiro de 1637, o conde João Maurício de Nassau-Siegen assumiu o governo do Brasil holandês, tinha, entre suas tarefas prioritárias, a reativação da economia canavieira paralisada ao cabo de sete anos de guerra. Àquela altura, a WIC exercia controle sobre toda a região entre o Rio Grande do Norte e o rio Una (sul do atual estado de Pernambuco), enquanto o exército hispano-luso-brasileiro retirara-se para Alagoas. Dali, logo após sua chegada, Nassau o expulsou para o sul do São Francisco, que até a incorporação de Sergipe em 1641 constituirá o limite meridional do Brasil holandês.

Em que estado encontrava-se em 1637 o sistema açucareiro? O coronel Arciszewski, que percorrera o interior povoado, assegurava que a região "nunca foi tão pobre como é atualmente", pois "durante muitos anos, quando o inimigo era ainda senhor do campo, a nossa tropa não fez outra coisa senão queimar e destruir os engenhos". Uma vez conquistados a Paraíba, Itamaracá e Pernambuco, "o inimigo, durante todo o ano de 1636, não fez outra coisa senão tocar fogo nos canaviais, levar os negros, queimar os engenhos que podiam ser queimados, destruir aqueles que, por serem feitos de pedra, não podiam abrasar às pressas; apreender e saquear os moradores". Dos engenhos existentes quando da invasão, "creio que apenas a oitava parte [ou seja, vinte engenhos] se encontrará, e esses mesmos mal providos e fornecidos de tudo para efetivamente moerem", embora o Conselho dos XIX na metrópole supusesse que "existe ainda a quarta parte [quarenta engenhos] *in suo esse*".

Possivelmente, Arciszewski exagerava os desastres da guerra, mas não tanto, pelas razões a serem mencionadas. Mais afetada pelas operações bélicas em decorrência da sua proximidade do Recife, a Várzea do Capibaribe tinha, em 1637, 43% de suas fábricas de fogo morto. Muribeca também foi atingida quase na mesma proporção (38%), e Jaboatão em 25%. Igaraçu e São Lourenço tiveram índices menos elevados (17%). As freguesias litorâneas ao sul do Recife acharam-se especialmente prejudicadas pelo fato de servirem de corredor à passagem de ambos os exércitos. Em 1637, no Cabo, sede do sistema defensivo que garantia o acesso à navegação marítima luso-brasileira, 25% das fábricas achavam-se inativas; em Ipojuca, 17% em 1637; e em Sirinhaém-Una, 39%. Quanto a Porto Calvo e Alagoas, duramente prejudicados pelas lutas dos anos finais da guerra de conquista (1635-6), só se dispõe de dados para 1639, quando, malgrado a reativação nassoviana, a metade das fábricas de Porto Calvo e um terço das de Alagoas achavam-se imobilizadas.

Os mesmos índices aplicavam-se, na capitania de Itamaracá, a Goiana e Abiaí-Tejucopapo-Araripe respectivamente. Na Paraíba, encerrado o conflito em 1635, a paralisação girava em torno de 25%; mas no final de 1637, já dezoito em vinte fábricas safrejavam, caso excepcional de reativação. Concentrando-se seus engenhos às margens do rio homônimo e de seus afluentes, por onde escoavam o açúcar, bastou ao exército da WIC conquistar a foz do rio Paraíba e a cidade a montante para que a capitania se rendesse, o que não ocorreu em Pernambuco, onde a disseminação das unidades produtivas ao longo de uma diversificada rede hidrográfica fez com que a conquista inicial de Olinda-Recife não acarretasse o controle imediato do interior, como haviam planejado os holandeses. O único engenho moente no Rio Grande também continuava a safrejar em 1637; a outra fábrica da capitania já estava de fogo morto com anterioridade à ocupação estrangeira.

Ao avaliar a confiabilidade do cálculo de Arciszewski, cumpre levar em conta várias considerações, a primeira das quais a de que ocorreram diferentes graus de destruição física. Veja-se o que se passou na região entre o Cabo e Sirinhaém-Una. No caso das instalações fabris (casas de moenda, das caldeiras e de purgar), constata-se que, embora as moendas raramente estejam danificadas, as casas das caldeiras e as de purgar achavam-se geralmente comprometidas não apenas pelo desmoronamento das paredes, mas sobretudo pela retirada dos cobres, como eram chamados os tachos em que se cozinhava o caldo da cana, e pela destruição das fôrmas em que se purgava o açúcar. O descaso pelas fôrmas e o zelo pelos tachos são compreensíveis: se a fabricação daquelas era feita nos engenhos por oleiros assalariados, as caldeiras, feitas de cobre, eram importadas do Reino, representando item dispendioso do equipamento açucareiro; e também o de mais fácil remoção. Quanto a outro item relevante, como seja o açude, que, através das levadas, fornecia água às moendas, além de atingidos pela atividade bélica, sofriam principalmente de carências estruturais (construção defeituosa ou escassez de água).

Relativamente à "fazenda", isto é, a parte agrícola dos engenhos, ao tempo da redação do relatório de Schott (1636) a queima dos canaviais ainda não se generalizara nem pelos holandeses nem pelos campanhistas luso-brasileiros, só se amiudando com efeitos devastadores entre 1637-41. Daí que, nas suas excursões pela mata úmida de Pernambuco, o funcionário holandês se mostrasse frequentemente entusiasmado com o viço dos partidos de cana, mas é verdade que, por então, ele ainda não adquirira traquejo no assunto, se é que veio a fazê-lo depois, na sua condição de senhor de engenho. Muitos desses canaviais deviam estar no mato, por já não se proceder regular e pontualmente às limpas indispensáveis.

Além da destruição física, há que levar em conta outros fatores passíveis de desorganizar a produção açucareira, como a dispersão da mão de obra escrava dos engenhos e partidos de cana, que concentravam a maioria da população servil. Ela foi levada pelos proprietários que partiram; desertou para os quilombos e para os bolsões não canavieiros da mata; ou engrossou as fileiras dos exércitos. Pelos engenhos da franja costeira do Cabo ao rio Una, Schott só topou com crianças ou escravos idosos ou incapacitados. A força de tração animal também rarefez-se ao extremo, pois a guerra a empregava no serviço de transporte ou na alimentação das tropas. No campo, os donos de escravos e de animais estavam à vontade para escondê-los, pois, malgrado as garantias das autoridades holandesas quanto à propriedade dos luso-brasileiros que permanecessem na terra, a atuação da WIC dava azo à suspeita de que negros e bois seriam também confiscados, à maneira do que se fazia com os estoques de açúcar deixados pelas casas de purgar.

Tomada isoladamente, qualquer dessas carências era de molde a comprometer o funcionamento do sistema produtivo, como indica o fato de que, no biênio 1635-6, o governo do Brasil holandês só logrou colocar bem poucas fábricas a moer. Em 1636, dos 46 engenhos listados por Schott entre o Cabo e Sirinhaém-Una, 60% haviam sido abandonados pelos proprietários; e era sobretudo neles que se observavam os danos mais notáveis. Em todo o Nordeste, 62 fábricas (ou 38% do total) foram desamparadas pelos donos, das quais 44 em Pernambuco (sem contar Alagoas e Porto Calvo). Não é possível conhecer a proporção de lavradores de cana e de mão de obra assalariada que também se ausentou, embora desde logo se possa aventar a hipótese de que teria sido inferior à dos senhores emigrados.

A estimativa de Arciszewski é abonada também pelo grau modesto da reativação do sistema açucareiro durante o domínio holandês. Em 1623, único ano do período *ante bellum* para o qual se dispõem de dados precisos, a produção total de açúcar em Pernambuco, Itamaracá e Paraíba fora de 659 069 arrobas, procedentes de 135 fábricas, uma média, por conseguinte, de 4881 arrobas. Para a safra 1639-40, ela pode ser calculada em 381 813 arrobas, ou 68% da produção de 1623, equivalendo a produção média por engenho a 3857 arrobas. Segundo o governo do Recife, entre 1637-8 e 1644-5, a produção de açúcar oscilou entre 17 mil e 18 mil caixas, alcançando excepcionalmente 20 mil caixas, ou seja, respectivamente 340 mil arrobas, 360 mil arrobas e 400 mil arrobas. Por conseguinte, no seu melhor ano, ela apenas atingiu cerca de dois terços da produção *ante bellum*, e nos demais anos, pouco mais da metade.

Se na Várzea a safra de 1639-40 correspondeu a apenas 29% do que fora a de 1623, nos demais distritos a recuperação revelou-se menos desanimadora: 47% em São Lourenço, 38% no Cabo, 41% em Sirinhaém-Una. Nas demais áreas, os índices apresentam melhoras substanciais: 86% em Igaraçu, 88% em Muribeca, 70% em Jaboatão, 61% em Porto Calvo, 62% em Goiana, sendo praticamente a mesma em Abiaí-Tejucopapo-Araripe e chegando a 97% na Paraíba. Por conseguinte, a reativação, bem que modesta, ocorreu mais celeremente na mata norte (Igaraçu, Itamaracá e Paraíba); e nas freguesias interiores de Pernambuco (Jaboatão, Muribeca e São Lourenço), menos afetadas pelas atividades bélicas.

# Euforias nassovianas

Em 1637-8, Nassau promoveu a venda financiada dos engenhos confiscados a quem oferecesse melhor preço. No caso de os compradores cumprirem pontualmente seus compromissos, a operação deveria render à WIC 1987250 florins, dos quais 1408770 (71%) correspondentes aos engenhos de Pernambuco; 271600 florins (14%) aos da Paraíba; 250 mil (12%) aos da capitania de Itamaracá; e 56880 (3%) ao Rio Grande. O preço médio por engenho alcançou 34 mil florins. Salvo exceções, concederam-se prazos de pagamento de seis anos, com um ou dois de carência. Das fábricas confiscadas, 44 foram revendidas: 21 a neerlandeses, 17 a luso-brasileiros e seis a judeus portugueses de Amsterdã. A despeito de alienações esporádicas entre 1639 e 1644, a WIC não logrou repassar todas as restantes 21 fábricas.

Em março de 1637, Nassau relatou ao Conselho dos XIX a situação em que encontrara o parque açucareiro: os engenhos arrasados, quantidade de escravos e de bois de tração levados para fora; os canaviais reduzidos a cinza. Os senhores de engenho e lavradores de cana estavam de tal forma empobrecidos que a reativação das fábricas teria de passar pelo fornecimento de crédito abundante, o que constituiria um bom negócio para a WIC, sem falar nos impostos que recolheria. Na metrópole, a direção da Companhia criticou a generosidade dos prazos concedidos na venda dos engenhos. Mas o crédito para a reposição das fábricas em funcionamento ficou sobretudo por conta dos comerciantes particulares. Referindo-se à safra 1637-8, Nassau mostrava-se otimista:

> os trabalhos agrícolas estão em progresso e em todos os lugares a fundação de canaviais está sendo feita com ânimo; acredita-se que número maior de engenhos do que se esperava venha a moer, de modo que ainda este ano se conta com uma safra razoável e com maior quantidade de açúcar do que era dado esperar, considerada a devastação geral dos engenhos e a pobreza dos seus proprietários. Mas tudo foi facilitado com os grandes carregamentos de mercadorias que os negociantes trouxeram e que têm adiantado aos senhores em muita quantidade para serem pagos na safra seguinte à próxima, isto é, daqui a dois anos e mais. Os senhores de engenho começaram a trabalhar e a restaurar as suas propriedades, embora a maior parte deles esteja tão cheia de dívidas que o açúcar que vierem a fabricar nos dois ou três próximos anos já está todo empenhado.

Em todo o Brasil holandês, predominou maciçamente a cana dos partidos de lavradores no total da produção de açúcar. Na Várzea, ela correspondia a 80% da matéria-prima moída; e em Igaraçu, a 91%. Nas freguesias interiores (exceção de São Lourenço), ela chegava a 98,5% em Muribeca, e a 72% em Jaboatão. Nos distritos litorâneos (excluído Ipojuca, para o qual Van der Dussen só fornece dados relativos a um único engenho), a percentagem é de 96% no Cabo; 82% em Sirinhaém-Una; 93% em Porto Calvo e também nas Alagoas. Na capitania de Itamaracá, 96% em Goiana e 91% em Abiaí-Tejucopapo-Araripe. Na Paraíba, 85%. A exceção, porventura decorrente do custo maior do transporte por terra, era São Lourenço, onde os lavradores produzem pouco mais da metade da cana. A média de lavradores de cana por engenho variava entre 6,5 em Goiana e 2,5 em Porto Calvo; e a de tarefas, entre a mínima de um em Igaraçu e oitenta em Goiana e na Paraíba. A média de tarefas por lavrador oscilou entre onze em Jaboatão e 27 na Paraíba.

Van der Dussen pôs o ponto final no seu relatório a 10 de dezembro de 1639. O tom do documento já não respira o otimismo de 1637. Os luso-brasileiros, inabilitados pela guerra para restaurar os engenhos, contavam com os créditos generosos adiantados pelos negociantes holandeses, mas "pagam sem pontualidade, sendo necessário que os comerciantes insistam pelo pagamento". Ademais as construções na Cidade Maurícia estavam sendo feitas "em ritmo mais lento devido ao pouco movimento dos negócios e aos boatos que há muito tempo vêm sendo divulgados a respeito de uma anunciada esquadra espanhola", então ancorada em Salvador e prestes a cair sobre o Brasil holandês. Quanto aos holandeses, "têm restaurado a agricultura e um grande número de engenhos e canaviais destruídos, tornando-os de novo valiosos". A expectativa oficial era de que "continuando assim, no prazo de um a três anos, o Brasil chegará a um ponto de progresso jamais atingido no tempo do Rei". Mas eis que Van der Dussen introduz uma reserva importantíssima, "a condição de que o preço do açúcar volte ao que era, visto que há pouco decaiu". Ora, ele só voltará ao que fora a partir da insurreição luso-brasileira de 1645.

Quando Van der Dussen concluiu seu relatório, já se iniciava a campanha marítima e terrestre que culminou nas batalhas navais de janeiro de 1640 e na onda de assaltos campanhistas que liquidou a primeira euforia comercial do Brasil holandês. É impossível calcular os danos causados às atividades rurais pelo incêndio de canaviais e de estoques de açúcar. Foram, porém, consideráveis, em vista de se efetuarem nos meses de verão e de pleno funcionamento das fábricas, já afetado pelas medidas governamentais relativas à obrigatoriedade do cultivo da mandioca de forma a paliar as dificuldades de abastecimento de farinha. Em outubro, iniciados os ataques, a insegurança generalizou-se no interior. Em janeiro de 1640, no ápice da ofensiva naval da armada do conde da Torre, os canaviais de doze dos vinte engenhos paraibanos foram sistematicamente queimados, calculando-se haverem ficado reduzidas a um oitavo as tarefas a serem colhidas durante a safra em curso. Ao longo de três meses, cessou a moagem. No sul de Pernambuco e em Alagoas, os danos foram também substanciais.

A situação não melhorou quando, no segundo semestre de 1640, o novo governador-geral do Brasil, o marquês de Montalvão, ordenou nova campanha contra o interior do Brasil holandês. Como acentuava o governo do Recife, "não é fácil impedir o incêndio de canaviais porque isso pode ser feito por uma só pessoa em qualquer hora do dia ou da noite". O mesmo documento pretende que tais excursões prejudicaram apenas os engenhos pertencentes a cidadãos neerlandeses, o que é parcialmente falso. Na Paraíba, por exemplo, o contingente de Vidal de Negreiros incendiara boa quantidade de partidos de canas cultivados por luso-brasileiros. Contudo, diferentemente dos anos de guerra, o equipamento fabril foi poupado, na expectativa de que o colapso do Brasil holandês restituiria em breve os engenhos aos seus anteriores donos.

Encetando-se a safra 1640-1, o governo do Recife reuniu uma assembleia luso-brasileira a fim de obter a cooperação dos moradores do interior na tarefa de repelir os campanhistas. O Alto Conselho teve de admitir que, malgrado mandar "percorrer o campo ora com tropas de seus próprios soldados ora com capitães de campo portugueses [...] bem como pondo guarnições nas freguesias e outros lugares [...] a experiência tem finalmente mostrado que tudo é debalde". Quando em novembro de 1640, nas barbas do governo holandês, arderam os canaviais da Várzea, promoveu-se a abertura de maior número de aceiros de modo a conter a extensão dos danos e facilitar o policiamento, tomando-se medidas draconianas contra os incendiários. Mas o dano estava feito. No tocante à arrecadação dos dízimos do açúcar e da pensão dos engenhos em Pernambuco e Itamaracá, estimava-se o prejuízo como sendo da ordem de 43%.

Graças ao empenho de Nassau, um acordo de suspensão das hostilidades foi concluído com o governo geral da Bahia em meados de 1641, antes mesmo que se conhecesse ali ou no Recife a assinatura do tratado luso-neerlandês de trégua, firmado em Haia em junho daquele ano na esteira da restauração da independência portuguesa. Verificou-se então novo período de euforia comercial. Relatório oficial assinala que os comerciantes por conta própria e os comissários de negociantes da metrópole fizeram "negócios tão audaciosos e em tão grande quantidade como raras vezes se tem visto antes", negócios que chegaram a "muitos milhões". A liberalidade na concessão de crédito foi tal que "quem estava em condições de pagar uma parte à vista podia obter a prazo tanto quanto poderia desejar, porque pela grande quantidade de dinheiro em circulação eram mais visadas as vantagens do que a segurança das dívidas". Outro indício da euforia, no Recife e na Cidade Maurícia "muito se construiu e muitas casas excelentes foram levantadas, de modo que se tornou uma cidade linda e abastada, na qual foram gastos grandes capitais. Todo o luxo e abastança havia aqui em grande abundância; os gastos eram excessivos e todos se consideravam ricos por causa dos grandes empréstimos concedidos".

Esta segunda euforia nassoviana teve fôlego ainda mais curto, pois em fins de 1642, começos de 1643, já se dissipavam seus efeitos. O relatório governamental de 1646 põe a culpa, em primeiro lugar, nas operações de conquista de Angola, São Tomé e do Maranhão, que o conde de Nassau, por recomendação do Conselho dos XIX, deflagrara nos meses seguintes à trégua. Os estoques de bens importados pela WIC esgotaram-se em vista da necessidade de abastecer as novas colônias como também porque dos Países Baixos já não se enviava o mesmo volume de suprimentos. Para sustentar as guarnições e pagar o funcionalismo, o governo do Recife achou-se na contingência de recorrer à cobrança das dívidas atrasadas dos engenhos revendidos. Por sua vez, os grandes comerciantes da metrópole, pressionados pela queda do preço do açúcar, passaram a exigir dos seus comissários no Brasil holandês a remessa dos lucros e dos capitais, do que decorreu "grande escassez de dinheiro e, consequentemente, uma situação desfavorável para o comércio", que se refletiu no aumento das taxas de juro. "Muitos senhores de engenho, lavradores e outros devedores, não tendo de pronto os meios para pagar suas dívidas nos vencimentos, servem-se do seu crédito, tomando dinheiro a um juro de três, quatro ou mais por cento ao mês, pelo que muitos estão tão empobrecidos que não podem pagar nem o capital nem os juros."

Em 1643, a direção da WIC em Amsterdã tomou duas decisões de signo distinto. A primeira, desfavorável aos produtores, previa que o governo do Recife só vendesse os escravos à vista, o que beneficiou os intermediários que os compravam à Companhia, repassando-os a preços extorsivos. A segunda, favorável à comunidade luso-brasileira, que a reivindicava havia anos, mandava aplicar a regra da legislação portuguesa sobre a indivisibilidade dos engenhos, com o que, doravante, os devedores só poderiam ser executados nos rendimentos, mas não no equipamento, no fundo territorial, na mão de obra escrava ou nos animais do serviço, devendo os credores contentarem-se com o pagamento pro rata consoante os resultados de cada safra. Mesmo tal concessão resultará insuficiente, dado o grau de endividamento e em vista de que as perspectivas para a safra 1643-4 eram tão desanimadoras quanto os resultados da anterior. Destarte, senhores de engenho e lavradores de canas ver-se-iam reduzidos ao papel de funcionários informais da WIC. A ação conciliadora de Nassau em matéria de cobrança de dívidas era posta em xeque pelos credores particulares, eles também majoritariamente devedores da WIC. Já em 1642, o governo do Recife havia assinado um acordo de pagamento tripartite da WIC e de credores particulares, de que ela mesma era credora, com os dois maiores devedores do Brasil holandês, Jorge Homem Pinto e João Fernandes Vieira. Em 1644, avolumando-se as gestões de outros produtores, a WIC fechou acordos no total de 2152807 florins. Cumpre, porém, não exagerar o efeito paliativo da encampação, uma vez que seu escopo ficou limitado a 25 engenhos. Conhece-se o texto do contrato de Manuel Fernandes Cruz, o qual servirá de modelo para os demais. Cruz devia a comerciantes particulares 41526 florins; e à WIC, 19269 florins, no total de 60795 florins, débito a ser liquidado nos três anos seguintes, começando em janeiro de 1645, com o que a Companhia reembolsaria os credores e a si mesma. Cruz empenhava sua pessoa e bens, inclusive os pertences do engenho, sob a garantia de fiador idôneo, pagando juros de 12% ao ano. Em caso de inadimplência, a WIC se integraria imediatamente na posse desses bens. Ele comprometia-se ademais a não contrair novas dívidas, exceto com autorização do governo do Recife.

# O grande calote

Quando o governo do Brasil holandês acreditava ter começado a resolver o espinhoso problema do endividamento, eis que, em junho de 1645, saía em campo a insurreição luso-brasileira, estimulada de Lisboa e apoiada militarmente pelo governo geral da Bahia. Dela é contemporânea a noção de que constituiu uma empresa desesperada de relapsos devedores luso-brasileiros, ansiosos por se libertarem das dívidas. Já no depoimento prestado às autoridades batavas, ratificando a delação que formulara, em carta anônima, acerca da conjura, asseverava Sebastião de Carvalho que "os conspiradores tencionavam fazer alastrar a conspiração por todo o Brasil holandês mas que os habitantes da capitania da Paraíba eram os de que mais se devia recear, por serem os mais endividados, e, portanto, terem muito má vontade para com o nosso governo".

Na missiva pouco depois enviada por um grupo de pró-homens, inclusive o mesmo Sebastião de Carvalho, ao bispo da Bahia, instando-o a intervir junto ao governador-geral Antônio Teles da Silva para que recusasse ajuda à insurreição, afirma-se que os cabeças do movimento (João Fernandes Vieira e Antônio Cavalcanti) haviam aliciado o apoio dos homens "principais de tal modo oberados de dívidas que, como viram que deviam pagar as grandes somas que essas dívidas representam (as quais eles contraíram muito facilmente, porque os mercadores, por sua pouca experiência nessas coisas, foram muito fáceis em lhes vender a crédito as suas mercadorias), pareceu-lhes que o melhor meio de se livrarem delas era meterem-se com os revoltosos".

Publicado nos Países Baixos em 1647, "O machadão do Brasil", diálogo entre dois neerlandeses que haviam comerciado na colônia, sustenta a mesma teoria, introduzindo um matiz significativo, atribuível à circunstância de tratar-se de catilinária contra a corrupção reinante no governo que sucedeu o do conde de Nassau. A rebelião, afirma um dos interlocutores, fora a maneira que restara aos luso-brasileiros de evitar a satisfação de débitos cujo principal nunca se encontrariam em condição de amortizar, especialmente após a firma dos contratos com a Companhia. "Os nossos governadores e outros, que julgavam ganhar com eles, descuidaram-se muito e forneceram-lhes o caminho para essa revolta." Na realidade, os senhores de engenho holandeses e judeus não se achavam menos empenhados financeiramente, donde a adesão de alguns, entre eles Gaspar van der Ley, à restauração do domínio português.

Por fim e por ocasião do debate em Lisboa acerca do tratado de cessão do Nordeste assinado em 1648 em Haia por Francisco de Sousa Coutinho (o qual será repudiado pela Coroa), o padre Antônio Vieira, que coadjuvara o embaixador, utilizou o argumento no "Papel forte" que redigiu em prol da aprovação do acordo: "o levantamento se fez contra a vontade de muitos, os quais hoje e sempre abominaram tal guerra; e os principais que a moveram foi porque tinham tomado muito dinheiro aos holandeses e não puderam ou não lhes quiseram pagar". Enquanto Sebastião de Carvalho e o padre Vieira colocavam a ênfase no endividamento puro e simples (endividamento como motor da insurreição), "O machadão do Brasil" formulara explicação menos sumária (endividamento = encampação = insurreição).

A favor da acusação feita pelo padre Vieira, diga-se que os devedores em geral e os signatários dos acordos em particular não se mostraram unanimemente favoráveis à insurreição; e que, entre os indivíduos que firmaram o apelo ao bispo da Bahia, encontravam-se alguns grandes devedores da WIC. Só em casos extremos, pode o historiador estabelecer uma conexão clara entre a motivação individual e a atitude favorável ou contrária à rebelião. Na realidade, a grande maioria de senhores de engenho luso-brasileiros ficou no muro na fase inicial de planejamento e execução, só se resolvendo pela adesão a partir do momento em que o levante passou a dominar o interior do Brasil holandês, quando já não lhes era factível deixar de apoiá-la.

À época, debateu-se o montante das dívidas do Brasil holandês. Em 1642, Nassau estimava o débito dos senhores de engenho em 7,5 milhões de florins. Em 1644, ele calculava em 13 milhões de florins o total dos débitos coloniais, cerca da metade correspondente à comunidade luso-brasileira. Em 1654, à raiz da restauração de Pernambuco, uma fonte neerlandesa informava ao governador da capitania, Francisco Barreto, que o montante devido pelos luso-brasileiros alcançaria os 19 992 florins, dos quais dois terços à Companhia e um terço aos comerciantes particulares. Contudo, os documentos oficiais da WIC referem somas inferiores. O primeiro, uma lista do total dos créditos por ela avançados a luso-brasileiros, holandeses e judeus e datada de dezembro de 1645, altura em que a insurreição já fora deflagrada, registra o montante de 12 015 717 de florins. Contudo, é inviável destrinçar o subtotal relativo aos luso-brasileiros, uma vez que muitos dos devedores judeus tinham nomes impecavelmente lusitanos ademais dos que utilizavam no âmbito da comunidade judaica.

Torna-se, portanto, extremamente valiosa a informação constante da segunda relação compilada pela WIC, quando da firma do primeiro tratado de paz de Haia (1661), segundo a qual a dívida luso-brasileira com a Companhia montava a 4 642 196 de florins, vale dizer algo da ordem de 39% da dívida total para com a empresa. Caso sejam corretas as proporções aventadas pelo informante de Francisco Barreto, pode-se arriscar o cálculo de 1,5 milhão de florins para as dívidas com os mercadores, no total de cerca de 6 milhões de florins de endividamento. Para dar ao leitor uma noção da ordem de grandeza desses valores, basta aduzir que as receitas da Coroa portuguesa giravam anualmente em torno de 10 milhões de florins e que, em 1656, o montante da carga trazida do Brasil pela armada da Companhia Geral de Comércio era estimado em 16 milhões de florins.

As fontes de 1645 e de 1663 estão muitas vezes de acordo relativamente aos montantes devidos à WIC. Assim, em ambas as datas, Gonçalo Novo de Lira era debitado por idêntica quantia, 16,5 mil florins. Por outro lado, ocorrem grandes disparidades: em 1645 os herdeiros de Pero da Rocha Leitão deviam 1,75 mil florins; e em 1663, 4,9 mil florins. Inversamente, Fernão do Vale respondia em 1645 por 11 634 florins; e em 1663, por 5984 florins. Tais discrepâncias sugerem desde logo uma contabilidade defeituosa. Mas elas podem refletir também circunstâncias diversas que nem mesmo o exame caso a caso permite esclarecer. No tocante aos devedores neerlandeses e judeus, há a possibilidade de que alguns deles, entre 1645 e 1663, tivessem logrado, de regresso aos Países Baixos, pagar parte dos seus compromissos, sujeitos que se achavam à legislação neerlandesa. Isso evidentemente não se dava no caso dos devedores luso-brasileiros, que permanecendo no Nordeste restaurado escaparam ao pagamento, assunto regulado pelo acordo luso-holandês de 1669. Por ele, a Coroa portuguesa responsabilizou-se pela satisfação das dívidas, abrindo mão posteriormente de cobrá-las aos vassalos inadimplentes.

Quanto às somas inferiores a mil florins, devidas por senhores de engenho à WIC, cumpre resguardar-se da conclusão de que revelariam boa posição financeira, uma vez que seguramente eram devedores de quantias importantes a mercadores particulares do Recife. Por exemplo, em 1645 Maria Barrosa devia cerca de 28 mil florins ao comerciante francês Louis Heyn, embora em 1663 devesse à WIC apenas seiscentos florins. Embora, como mencionado, possa-se estimar o montante global deste gênero de débitos em 1,5 milhão de florins, não é possível determinar o endividamento de cada senhor de engenho aos comerciantes, salvo nos poucos casos em que, quando da firma dos contratos de encampação, vislumbra-se a proporção dessas dívidas no conjunto do endividamento de cada proprietário.

O exemplo acima citado pode parecer extremo. Mas existem outros. Em 1637, Bartolomeu Lins de Almeida, de regresso do exílio, readquiriu o engenho que possuíra por 16 mil florins, em parceria com sua mãe e com uma sobrinha. Oito anos depois, ele contratou com a WIC a encampação da sua dívida, altura em que devia a comerciantes particulares 37 146 florins, isto é, mais de duas vezes o total do seu compromisso com a Companhia. Amador de Araújo era devedor à WIC da soma de 30 528 florins mas a um só comerciante de escravos devia 45 mil florins. Em 1645, Francisco Camelo de Valcárcel devia 10 325 florins à Companhia, mas nada menos de 149 879 florins a particulares; Manuel Fernandes Cruz, 19 269 florins à WIC e 41 526 florins a particulares; Luís Brás Bezerra e seus genros, 2422 florins à WIC e 12 755 florins a particulares.

Como seria de esperar, a documentação relativa aos cinco senhores de engenho empenhados por somas superiores a 100 mil florins permite observar mais de perto o processo de endividamento. Todos eram luso-brasileiros, sendo que quatro radicados na Paraíba, conforme asseverara Sebastião de Carvalho. O devedor mais conspícuo, Jorge Homem Pinto, que começara sua vida na terra como alferes da guarnição da capitania, possuía apenas, quando da ocupação holandesa, o engenho Tiberi-Santa Catarina. Em 1637, adquiriu o vizinho engenho Tiberi-Santiago aos primeiros compradores holandeses; e também o Santo André, este diretamente à WIC. Posteriormente a 1640, comprou outros três engenhos, dois deles também na Paraíba, e outro na capitania de Itamaracá. Por fim, após a assinatura do primeiro contrato de acerto de contas com a Companhia, entrou na propriedade de mais duas fábricas, que não puderam ser identificadas, mas que aparentemente estavam inativas — um total de nove engenhos.

Em 1642, Jorge Homem Pinto já era devedor da soma de 284 137 florins, dos quais 17 865 à WIC. A ata da sessão do Alto Conselho de 21 de maio daquele ano lista nada menos de quarenta credores particulares entre neerlandeses, judeus e luso-brasileiros. O principal, no montante de 45 mil florins, eram os Navarros, isto é, os irmãos Arão, Moisés, Isaac e Jacob Navarro, envolvidos numa variedade de negócios, como corretagem de açúcar, arrematação da cobrança de impostos, comércio de víveres e de africanos, corte de pau-brasil, e, no caso de Moisés, a propriedade de engenho confiscado. Outros sete credores haviam avançado somas superiores a 10 mil florins, embora a grande maioria se situasse na faixa de mil florins a 10 mil florins, inclusive João Fernandes Vieira, segundo maior devedor, e Elias Herckmans, governador da Paraíba e lavrador de cana num dos engenhos de Jorge Homem Pinto.

Pelo acordo de 1642 com a WIC, esta encampou as dívidas de Jorge Homem Pinto a particulares, assinando-se o contrato precursor dos que serão negociados nos anos seguintes. Ademais, a Companhia lhe forneceu 60 mil florins em escravos e 30 mil florins em numerário, à taxa de juros de 12% ao ano. De imediato, ele entregaria à WIC 18 mil florins em açúcar. O total da operação (372 433 florins) seria amortizado em três prestações anuais (janeiro de 1643, de 1644 e de 1645), de 118 144 florins. Como garantia, Jorge Homem Pinto dava seus engenhos e três fiadores. Ao Conselho dos XIX, o governo do Recife justificou a medida em termos do imperativo de salvar bom número de dívidas que estariam perdidas, pois vários destes credores eram, por sua vez, devedores da WIC. A manutenção do proprietário na posse dos bens visava a impedir que, em face das ameaças de execução, o equipamento, as terras, os escravos e os animais viessem a se dispersar, paralisando as fábricas em prejuízo da Companhia e dos habitantes que delas viviam.

Contudo, já em novembro de 1642, Manuel de Queiroz Siqueira, um dos fiadores de Jorge Homem Pinto, lavrador de um dos seus engenhos e escabino da Paraíba, manifestava às autoridades holandesas, em nome dos colonos luso-brasileiros da capitania, a impossibilidade de pagarem suas dívidas nas três safras consecutivas. O Conselho de Finanças respondeu, porém, que, nesta hipótese, eles deveriam ser executados. Salvou-os a mencionada decisão da chefia da WIC de reconhecer a regra da indivisibilidade dos engenhos. Em começos de 1644, era evidente o fracasso do primeiro acordo com Jorge Homem Pinto: dos 372 433 florins, ele só desembolsara 32 030 florins. Contudo, tanto ele como João Fernandes Vieira, que entrementes também se beneficiara de contrato de encampação, continuavam a levantar empréstimos junto a particulares, sendo que Jorge Homem Pinto chegara mesmo, como mencionado, a comprar dois outros engenhos. Sob a pressão incessante dos credores, que se recusavam a aceitar que a Companhia fosse credor privilegiado, ocorriam desvios dos estoques de açúcar por ela reivindicados e armazenados nas fábricas de Jorge Homem Pinto e nas de outros devedores, a pretexto de que o produto pertenceria de direito aos respectivos lavradores. Em janeiro de 1644, o governo do Recife ordenou o confisco de todo o açúcar existente nos seus engenhos, prometendo-lhe proteção física contra os credores.

Ainda uma vez as coisas não funcionaram a contento: em outubro de 1644, o Alto Conselho teve de reiterar às autoridades da Paraíba a ordem de impedir que qualquer quantidade de açúcar procedente dos engenhos de Jorge Homem Pinto fosse parar nas mãos de terceiros. Dias depois, este pleiteou a firma de segundo contrato, uma vez que a má safra, os preços cadentes do produto e a ação dos credores o teriam impedido de satisfazer o acordo anterior, obrigando-o a incorrer em dívidas adicionais de cerca de 700 mil florins. Propunha ele agora que a WIC adicionasse essas novas dívidas aos 340 403 florins pendentes, tudo a ser pago nos seis anos consecutivos. O montante do segundo acordo totalizará 1 278 400 florins.

Após intermináveis debates com o Conselho de Finanças, o Alto Conselho (ao que se dizia, devidamente subornado por Jorge Homem Pinto e pelos seus lavradores de cana com 50 mil florins em joias, numerário e títulos) aprovou segundo contrato de 937 997 florins, reafirmando a promessa de garantia física, sem a qual, não podendo ele permanecer à frente dos seus engenhos, temia-se a paralisação de sete das principais fábricas da Paraíba, com dano para os interesses e a segurança da colônia. Pesou igualmente o argumento de que, em vista da substancial redução do valor dos engenhos, a execução de Jorge Homem Pinto pela Companhia causaria prejuízos ainda maiores, afetando inclusive os meios orçamentários da administração do Brasil holandês. Por fim, caso ele viesse a falecer, a WIC se veria a braços com sérios problemas de gestão, pois carecia de quadros experientes para substituí-lo. Contudo, o governo do Recife impôs suas condições. A satisfação do montante não pago do primeiro contrato teria precedência sobre o restante. Os créditos pessoais, mas não os hipotecários, sofreriam desconto de até 12% ao ano durante o prazo de seis anos deste segundo contrato. Jorge Homem Pinto reiterou a garantia de todos os seus bens móveis e imóveis, dando ademais a de oito fiadores de comprovada idoneidade financeira e não endividados com a Companhia. Os particulares não lhe poderiam avançar novos empréstimos sem autorização governamental, condições que, aliás, serão aplicadas aos demais contratos de encampação que, a essa altura, já tinham sido ou estavam sendo negociados.

É difícil acreditar que Jorge Homem Pinto não tenha, de caso pensado, incorrido em nível tal de endividamento, levando-se em conta a aquisição dos engenhos comprados depois de 1640, quando as excursões de Vidal de Negreiros contra a Paraíba ao tempo da ofensiva naval do conde da Torre haviam deixado à mostra a precariedade do controle neerlandês sobre o interior da colônia. Existem, aliás, indícios eloquentes do jogo duplo do grande devedor. Em janeiro de 1644, ao decidir instigar a insurreição luso-brasileira, d. João IV fora estimulado não só de Pernambuco como também através de cartas recebidas da Paraíba, às quais mandou responder com a promessa de recompensas aos signatários que apoiassem o movimento. Em setembro, El Rei conferiu mercês a Jorge Homem Pinto, invocando os serviços prestados por um tio e pelo seu falecido padrasto, o dr. Antão de Mesquita, outrora chanceler da Relação da Bahia. E pela mesma altura Vidal de Negreiros, encarregado de articular o levante, visitava a Paraíba. Por outro lado, ao deflagrar-se a rebelião restauradora em julho de 1645, Jorge Homem Pinto apressou-se a assinar o já aludido apelo ao bispo da Bahia contra a intervenção militar do governo geral do Brasil. Por essa mesma ocasião, ele teria intermediado a proposta do governo do Recife a João

Fernandes Vieira para desistir do levante e abandonar o Brasil holandês em troca de 200 mil cruzados. Mas o jogo duplo de Jorge Homem Pinto ficou frustrado pela evacuação, em 1646, de toda a região compreendida entre o norte de Pernambuco e das capitanias de cima. Seus nove engenhos ficaram à matroca.

O segundo maior devedor da WIC, João Fernandes Vieira, foi um caso de galopante ascensão socioeconômica graças ao apoio de autoridades neerlandesas, inclusive Nassau. Madeirense, filho natural de um fidalgo da ilha, Vieira fixou-se em Pernambuco antes de 1630, trabalhando como "moço de açougue". Depois da rendição do Arraial Velho (1635), tornou-se empregado do conselheiro político Jacob Stachouwer, passando a superinteder os engenhos confiscados que o patrão havia adquirido e, de modo geral, a gerir seus negócios após o regresso de Stachouwer à Holanda. Abrindo loja no Recife, Vieira entregou-se por conta própria a várias outras atividades, como exportação de açúcar, contratos de captura de escravos fugidos, corte de pau-brasil e arrematação da cobrança de impostos, criação de gado e exploração de passos ou trapiches para armazenamento. Além de escabino da Cidade Maurícia, Vieira foi delegado da Várzea na Assembleia de 1640. Suas dívidas à Companhia diziam também respeito a esses negócios paralelos.

Em 1640, Stachouwer, que não pagara à WIC um único ceitil das fábricas que comprara a crédito, transferiu a Vieira os respectivos contratos, com o que o antigo empregado tornou-se senhor de três engenhos, adquirindo dois outros. O primeiro contrato de Jorge Homem Pinto abriu caminho a que Vieira concluísse, ainda em 1642, seu próprio arranjo com a WIC. Suas dívidas com ela ascendiam então a 427610 florins; e com os particulares, a 39 mil florins. Pelo acordo, Vieira obteve o mesmo prazo de três anos, dado a Jorge Homem Pinto, para o pagamento do total, além do adiantamento de 30 mil florins para a aquisição de escravos. Mas, como assinalou J. A. Gonsalves de Mello, ao contrário de Jorge Homem Pinto, entre 1643 e 1645 Vieira amortizou parcela substancial do débito, tanto assim que em 1645 e 1663 era cobrado em 322 mil florins. Vieira, aliás, também fez jogo duplo, só se resolvendo a desfechar a insurreição ao constatar o malogro da campanha de que ele próprio participara em favor da permanência de Nassau como governador do Brasil holandês. Havendo finalmente queimado seus navios, ele se oporá durante a guerra de restauração (1645--54) a qualquer concessão aos batavos tanto na consecução da luta armada em Pernambuco, quanto no tocante às negociações diplomáticas que Portugal conduzia em Haia visando à restituição do Nordeste à WIC.

Diferentemente de Jorge Homem Pinto e de João Fernandes Vieira, o endividamento dos três outros grandes devedores luso-brasileiros não decorreu da aquisição de engenhos confiscados, só podendo ser atribuído à má gestão em face das circunstâncias desfavoráveis do preço do açúcar ou da queima dos canaviais em 1640. Desconhece-se a composição da dívida de Jerônimo Cadena de Vilhasante em termos das obrigações para com a Companhia e para com os particulares, mas em 1645 e 1663 seu total era superior a 215 mil florins, montante que, pelo contrato assinado com o governo do Recife em 1644, deveria pagar no triênio seguinte. Consoante "A bolsa do Brasil", "a quantia é muito considerável para o contratante e os seus fiadores, posto que eles disponham de alguma riqueza na terra". Jerônimo, que teria subornado as autoridades do Recife com 18 mil florins em dinheiro e em vales de emissão oficial, aderiu à insurreição de 1645.

No tocante ao quarto maior devedor, Francisco Camelo de Valcárcer, sua dívida também encampada pela Companhia alcançava 160 205 florins, dos quais originalmente apenas 149 879 florins eram devidos a particulares. "A bolsa do Brasil" admitia ter dado fiadores abastados, embora também tivesse tido de subornar as autoridades do Recife com 15 mil florins em dinheiro e em vales. A Companhia fornecera-lhe mais recursos, provavelmente em escravos. Sobre as razões do endividamento do quinto maior devedor, Antônio Barbalho, só se pode conjecturar. Quando da invasão holandesa, ele não passava de proprietário de pequena fábrica no norte da Paraíba, afastada, portanto, do centro produtivo da capitania. E, contudo, em 1663, ele será debitado em 155 163 florins, dos quais originalmente 124 310 florins equivaliam a dívidas com particulares. É plausível que elas decorressem em máxima parte de haver herdado nos primeiros anos da década de 1640 o engenho do sogro, Duarte Gomes da Silveira, que se havia fortemente empenhado com a construção de dois engenhos e da Santa Casa da Misericórdia da Paraíba.

Numa segunda camada de devedores luso-brasileiros (abrangendo a faixa entre 100 mil florins e 34 mil florins, preço médio por que haviam sido revendidas as fábricas confiscadas), distinguem-se três subcategorias. A primeira, a dos senhores de engenho que, tendo inicialmente emigrado ao tempo da guerra de resistência, regressou a partir de 1637 para readquirir seus antigos engenhos, confiscados neste ínterim pela WIC. Tratava-se, via de regra, de fábricas situadas nas freguesias meridionais de Pernambuco, mais duramente atingidas pelas depredações bélicas, donde os preços razoáveis cobrados pelas autoridades neerlandesas, movidas pelo objetivo de atrair os antigos proprietários, detentores do know-how da gestão açucareira de que os conterrâneos batavos careciam. Foi assim que Bartolomeu Lins de Almeida recomprou por 16 mil florins seu engenho de Porto Calvo em sociedade com a mãe e uma sobrinha. O mesmo fez João Tenório de Molina, que readquiriu o Bertioga e o Maranhão. Ou ainda Felipe Pais Barreto, cuja atuação no levante do Cabo em 1645 será importante.

A segunda subcategoria de devedores compreende os indivíduos que se aproveitaram do confisco dos engenhos para ascenderem à condição de senhores, à maneira de João Fernandes Vieira, mas em escala muito mais ambiciosa. Neste grupo, encontram-se entre outros Gaspar Dias Ferreira, que, modesto comerciante no período *ante bellum*, alçou-se às graças do conde de Nassau, de quem foi testa de ferro. Ao falecer em Lisboa nos anos 1650, achava-se pendente o débito incorrido na aquisição de dois dos melhores engenhos do Brasil holandês, os quais eram então administrados por seus filhos, que haviam permanecido em Pernambuco após o levante. Cabe mencionar ainda o chefe da insurreição em Ipojuca, Amador de Araújo Pereira; e também João Carneiro de Mariz, que, em atitude oposta, assinara a representação ao bispo da Bahia contra o movimento. Por fim, a terceira subcategoria de devedores luso-brasileiros compunha-se de antigos senhores que haviam incorrido em débitos puramente comerciais para com a WIC e os mercadores do Recife, como João Lourenço Francês, Manuel Barbosa da Silva, d. Catarina de Albuquerque, Diogo da Fonseca Lemos e outros.

Mas não foram só os proprietários luso-brasileiros que se endividaram pesadamente ou que passaram calote na WIC e em comerciantes particulares. Foram substanciais as dívidas incorridas pelos altos funcionários e oficiais militares da WIC que se arriscaram a adquirir engenho de açúcar. Servaes Carpentier, que comprara duas fábricas confiscadas, achava-se empenhado em 1645 pela quantia de 159 429 florins, e ainda em 1663 seus herdeiros respondiam por 97,5 mil florins. Particularmente desastrado na gestão dos seus negócios, o capitão Gaspar van der Ley devia em 1645 à Companhia a soma de 49 964 florins, enquanto seu débito com comerciantes particulares alcançava outros 80 821 florins. Mais bem-sucedidos, talvez por haverem confiado suas fábricas a rendeiros ou capatazes, Von Schkoppe e De Ridder, que haviam se comprometido em 70 mil florins pela compra dos engenhos do morgado do Cabo, tinham logrado em 1663 saldar a metade da quantia. Tampouco houve comerciante neerlandês ou judeu que tivesse sido bem sucedido, mesmo em se tratando de alguém, como Isaac de Rasière, com prévia experiência colonial na América do Norte. Tendo adquirido em 1637 os engenhos que haviam pertencido a Ambrósio Fernandes Brandão por 110 mil florins, em 1663 ainda era devedor de 92064 florins à WIC. Os demais senhores de engenho neerlandeses e judeus também se encontravam em débito com a Companhia em montantes inferiores mas substanciais.

# Os engenhos de açúcar do Brasil holandês

## I
## Capitania de Pernambuco

### Várzea do Capibaribe

1) SÃO BRÁS. Sito à margem esquerda do Capibaribe. Engenho d'água. Pagava 4% de pensão. Já moía nos anos 1580, pois em 1593 Francisco Tavares, provavelmente seu fundador, vendera-o a Nuno Álvares, natural de Estremóz (Alentejo), filho de alfaiate, que, tendo vivido em São Tomé, fixou-se em Pernambuco por volta de 1583. Em 1609, pertencia a Pero da Costa Favela. Em 1623, produzia 5876 arrobas. Pertencia então a Antônio da Silva Barbosa, que permaneceu sob o domínio holandês. Moía em 1637 e em 1639 sem partido da fazenda, com dois partidos de lavradores, num total de quarenta tarefas, ou cerca de 2 mil arrobas. Em 1645, Antônio da Silva Barbosa achava-se endividado junto à WIC em 571 florins e também a comerciantes do Recife, provavelmente em quantias substanciais. Em 1655, o engenho moía, sendo listado sob o nome de Pero da Costa Favela, que em 1639 era um dos lavradores, plausivelmente filho homônimo do senhorio dos primeiros anos do século. Em 1645, Pero era devedor de 3150 florins à WIC, e em 1663, de 4,9 mil florins.[1]

2) NOSSA SENHORA DO ROSÁRIO. Sito à margem esquerda do Capibaribe. Registrou-o Markgraf mas não Golijath. Engenho de bois. Pagava 3% de pensão. Fundado nos fins do século XVI. "Um dos melhores engenhos de

Pernambuco", segundo João Fernandes Vieira. Em 1623, pertencia a Luís Ramires, produzindo 4799 arrobas. Incendiado pela tropa neerlandesa (1634). Tendo Luís Ramires se retirado em 1635, em finais desse mesmo ano o comerciante Jaques Hack obteve do governo do Brasil holandês a gestão provisória do engenho e a preferência na sua aquisição. Achava-se então "totalmente destruído" pela guerra. Confiscado e vendido a Jaques Hack (28.v.1637) por 32,5 mil florins, em seis prestações anuais. Sem moer em 1637, mas devia fazê-lo em 1639, com três partidos de lavradores, somando setenta tarefas, mais o partido da fazenda (cinco), perfazendo 2625 arrobas. Com o falecimento de Jacques Hack, comprou-o Fernandes Vieira em 1642. Vieira o reconstruiu e o transformou em engenho d'água, com capacidade para 8 mil arrobas de açúcar por ano, substituindo Nossa Senhora do Rosário por São João como orago do engenho, que dotou de capela. Moía em 1655. Em 1645, Jaques Hack e Matias Beck deviam 43 499 florins à WIC, além da parcela de 10 273 florins; e em 1663, 32,5 mil florins por conta do engenho.[2]

3) SÃO SEBASTIÃO. Sito à margem direita do Capibaribe. Não o registrou Golijath mas fê-lo Markgraf. Engenho de bois. Pagava 3% de pensão. Safrejava em 1593, pertencendo a Pero da Cunha de Andrade. Em 1605, já não gozava de isenção fiscal, devendo, portanto, ter sido fundado anteriormente a 1585. Pero era vereador de Olinda em 1621. Em 1623, o engenho produzia 11 035 arrobas. Em 1633, foi ocupado por patrulha luso-brasileira e saqueado pela tropa holandesa. Seu dono refugiou-se no Arraial do Bom Jesus, sendo libertado, após a rendição da fortaleza, contra resgate de 15 mil florins. Permaneceu sob o domínio neerlandês, mas esteve preso em 1638 sob a acusação de participar de conjura visando à restauração do domínio português. Faleceu antes de

1645, passando o engenho à viúva, d. Cosma Fróis, e depois à filha homônima, casada com Manuel Carneiro de Mariz. O engenho moía em 1637 e 1639 com quatro partidos de lavradores, inclusive dois partidos livres, os quais, somados ao partido da fazenda (25), perfaziam 115 tarefas, equivalentes a 4025 arrobas. Safrejava em 1655. Em 1645 e em 1663, Pero da Cunha devia 570 florins à WIC.[3]

4) SÃO PAULO. Sito à margem esquerda do Jiquiá. Engenho de bois. Fundado por Francisco Carvalho de Andrade e provavelmente vendido a Antônio Nunes, cuja viúva, Isabel Pereira, surge como sua proprietária em 1593, tendo-o arrendado a Tomás Nunes, mercador. Em 1609, Isabel ainda o possuía, mas em 1617 o proprietário era Henrique Afonso Pereira, filho homônimo do segundo marido de Isabel e capitão da conquista do Maranhão. Em 1623, o engenho produzia 4584 arrobas. Em 1633, estava ocupado por guarnição luso-brasileira. Havendo o proprietário permanecido sob o domínio holandês, a fábrica safrejou em 1637 e 1639, com dois partidos de lavradores, os quais, somados ao da fazenda (doze), perfaziam 62 tarefas, equivalentes a 2170 arrobas. O engenho não é mencionado em 1655.[4]

5) SÃO TIMÓTEO. Sito à margem esquerda do Jiquiá. Engenho de bois. Pagava 1,5% de pensão. Deve tratar-se do engenho fundado por Gregório Lopes de Abreu, o qual, em 1593, pertencia a Ambrósio de Abreu, que ainda o possuía em 1609. Em 1623, é listado como pertencente a Francisco Berenguer de Andrade, produzindo 2690 arrobas. Berenguer o vendeu a Antônio Fernandes Pessoa, o Mingau, senhor do engenho Tegipió. Antônio Fernandes anexou ao São Timóteo alguns partidos de cana que herdara do pai, Pedro Afonso Duro, ou que comprara a Jerônimo Pais d'Altro e a João Gonçalves Carpinteiro.

Quando da invasão holandesa, o proprietário retirou-se para o engenho Sibiró (Ipojuca), que arrendara, aí falecendo em 1633. Em 1637 e 1639, o São Timóteo ainda era listado em seu nome, pertencendo provavelmente à viúva, Maria de Aguiar. Não moeu em 1637 mas fê-lo em 1639, com dois partidos de lavradores, num total de sessenta tarefas, e de alguns partidos livres, sem partido da fazenda, equivalentes a 2,1 mil arrobas. Maria de Aguiar faleceu no engenho em 1647, o qual passou à filha, Ana de Lira Pessoa, casada com Luís da Silva. Durante a guerra de restauração, situou-se no São Timóteo uma das estâncias ou redutos que sitiavam o Recife. Em 1655, estava a monte. Vendido em 1657 a Antônio Borges Uchoa.[5]

6) MARIA BARROSA, ENGENHO DE. Invocação São Francisco. Markgraf o registra pelo orago mas Golijath pelo nome da proprietária. Sito à margem direita do Capibaribe. Engenho d'água. Pagava 3% de pensão. Em 1593, pertencia a Francisco de Barros Rego, que participara da conquista do Rio Grande do Norte. Francisco foi juiz ordinário da Câmara de Olinda e escrivão da Santa Casa da Misericórdia da vila. Em 1623, o engenho pertencia à viúva, Maria Barrosa Pessoa, produzindo 5161 arrobas. Já era certamente administrado pelo filho do casal, João de Barros Rego, que em 1617 subscrevia o memorial de senhores de engenho que solicitava à Coroa a suspensão da execução por dívidas em face da mortandade de escravos causada pela bexiga. Em 1633, o engenho foi saqueado pela tropa holandesa, tendo a proprietária se refugiado no Arraial do Bom Jesus. Com a capitulação da fortaleza, teve de pagar resgate. Maria Barrosa permaneceu sob o domínio holandês. O engenho safrejava em 1637 e 1639, quando, além da cana de alguns partidos livres, dispunha de dois partidos de lavradores, no total de 36 tarefas, cerca de 1,8 arroba, sem partido da fazenda. Quando da insurreição luso-brasileira, Ma-

ria Barrosa devia 28 mil florins ao comerciante francês Louis Heyn. A pedido deste, o governo do Recife concedeu salvaguarda a Maria Barrosa, embora seu genro estivesse entre os insurretos. Durante a guerra de restauração, foi adquirido por André Vidal de Negreiros por 42 mil cruzados, moendo em 1655. Vidal deu-o em dote à sua filha d. Catarina, casada com Diogo Cavalcanti de Vasconcelos. Em 1663, Maria Barrosa era devedora à WIC de seiscentos florins. Moía em 1664-7.[6]

7) CARLOS FRANCISCO, ENGENHO DE. Invocação Nossa Senhora da Ajuda. Sito à margem direita do Capibaribe. Golijath não o registrou mas fê-lo Markgraf sob o nome de S. Carlos. Engenho d'água, pagava pensão de 2%. Fundado provavelmente por Álvaro Velho Barreto, "fidalgo de geração e da governança desta capitania e capitão-mor da gente de cavalo dela". Procedente de Viana (Minho), neto de Vasco Velho, "abade de muitas igrejas pelo [rio] Lima acima" que gerou o filho "em uma mulher [...] da casta dos Barretos"; e de João Vaz da Cunha, também abade, que teve sua mãe "em uma mulher chamada Fulana Pais". Em 1578, Álvaro Velho Barreto era cossenhor de outro engenho na Várzea, que não foi possível identificar. Participou da conquista da Paraíba. Em 1593-5, Álvaro foi processado pela Inquisição por blasfêmia. Em 1609, o engenho pertencia à viúva, Luísa Nunes, e aos filhos do casal. Em 1623, produzia 4634 arrobas. Em 1625, declarando-se Luísa Nunes e os filhos impossibilitados de "pagar os seus credores", o engenho foi vendido a Carlos Francisco Drago, já falecido ao tempo da ocupação holandesa. Em 1637, confiscado e vendido a Jacob Stachouwer, alto funcionário do governo do Recife, por 62 mil florins em seis prestações anuais (27.v.1637). Moía em 1637 e 1639, com três partidos de lavradores e o partido da fazenda (cinquenta), no total de 135 tarefas, além de alguns partidos livres, per-

fazendo 6750 arrobas. Em 1637, Stachouwer repassou-o a João Fernandes Vieira, juntamente com os engenhos Santana e Ilhetas, que também adquirira à WIC. O engenho moía em 1655. Posteriormente, Fernandes Vieira comprou o engenho aos herdeiros de Carlos Francisco Drago, residentes em Castela. Em 1642, declarando-se devedor de 541610 florins em função da arrematação de contratos de cobrança de impostos e da compra de três engenhos, Fernandes Vieira conseguiu reescalonar a dívida ao longo das três safras seguintes, oferecendo a garantia de seus bens. Em 1645, chefiou a insurreição luso-brasileira. Àquela altura Stachouwer devia à WIC uma parcela de 56999 florins conjunta com Nicolaas de Ridder; e outra parcela, de 88612 florins. Em 1663, os herdeiros de Stachouwer deviam integralmente à WIC o montante do engenho; e Fernandes Vieira, segundo maior devedor à Companhia, a soma de 321756 florins. Em 1686, o engenho pertencia à viúva de Fernandes Vieira, d. Maria César.[7]

8) MARCOS ANDRÉ, ENGENHO DE. Invocação Nossa Senhora do Rosário. Sito à margem direita do Capibaribe. Engenho de bois. Pagava 1,5% de pensão. Em 1623, produzia 1106 arrobas de açúcar. Devido à sua localização nas proximidades do Arraial do Bom Jesus, o exército luso-brasileiro construiu no engenho uma posição fortificada, de onde foi desalojado pela ofensiva holandesa por ocasião do sítio da fortaleza em 1633 e 1635. Provavelmente Marcos André já não vivia então, uma vez que seu nome não consta entre os proprietários da Várzea que se refugiaram no Arraial em 1635, embora o tenha feito seu genro e cunhado Gaspar de Sousa Uchoa, que então senhoriava a propriedade e é mencionado como "dono de um engenho de açúcar" na freguesia. Em 1637, devido à destruição, o engenho não moeu, mas fê-lo em 1639. Em 1638, Duarte Saraiva adquiriu parte do en-

genho por 7275 florins. Gaspar de Sousa Uchoa, que se retirara, recebeu a mercê de fidalgo da Casa Real, "com 1,6 réis de moradia por mês [...] e um alqueire de cevada por dia". Em 1648, o engenho pertencia aos herdeiros de Marcos André. Safrejava em 1655, quando Gaspar restabelecera-se em Pernambuco. James Henderson publicou em *A history of Brazil* (Londres, 1821) a vista e a planta do engenho.[8]

9) SANTA MADALENA. Sito à margem direita do Capibaribe. Golijath não o registrou mas fê-lo Markgraf como Santa Madalena, segundo a grafia também usada na época. Engenho de bois. Pagava de pensão 25 arrobas de açúcar. Suas terras, originalmente parte de sesmaria de Jerônimo de Albuquerque, foram vendidas a Pedro Afonso Duro, que nelas levantou o engenho. Falecido o proprietário, a viúva, Madalena Gonçalves, vendeu-o a Cristóvão Pais d'Altro. Em 1623, o engenho foi adquirido por Manuel Saraiva de Mendonça, produzindo 14320 arrobas. Quando da ocupação holandesa, Manuel achava-se em Portugal e o rendeiro retirou-se da capitania. Em 1633, a guarnição luso-brasileira, que ocupava o engenho, foi trucidada pela tropa holandesa, que incendiou a fábrica. Em 1637 o engenho é referido como pertencente a João de Mendonça Furtado, com cinco partidos de lavradores (inclusive dois partidos livres), cuja produção, somada à do partido da fazenda (45), perfazia 104 tarefas, equivalentes a 3640 arrobas. Moeu em 1637 e 1639, sendo administrado por Duarte Saraiva. Duarte, parente de Manuel de Mendonça, vivera em Pernambuco nos anos 1580 ou 1590. Em 1638, o governo do Brasil holandês autorizou-o, "em nome de João de Mendonça Furtado, senhor de engenho na Várzea", a cortar lenha para a sua olaria e também para o gasto do engenho no bosque adjacente à casa "La Fontaine", que o conde de Nassau edificara para seu repouso. A autori-

zação foi renovada em 1641, ocasião em que o governo convocou Duarte Saraiva para explicar-se sobre a legitimidade da posse do engenho, que alegou deter de ordem da direção da WIC em Amsterdã, uma vez que Manuel Saraiva, residente em Portugal, era seu devedor. Além de possuir outras fábricas e exercer várias atividades econômicas, Duarte (ou David Senior Coronel entre os judeus) foi figura de proa da comunidade judaica do Brasil holandês, falecendo no Recife em 1650. Em 1645, Duarte devia 12142 florins à WIC em "conta a prazo". Em 1655, o engenho moía, pertencendo a João de Mendonça. Em 1663, os herdeiros de Duarte Saraiva reivindicavam a soma de 351502 florins da Coroa portuguesa.[9]

10) SÃO JERÔNIMO. Sito à margem esquerda do Capibaribe, a montante da desembocadura do riacho Camaragibe. Não o registrou Markgraf mas fê-lo Golijath. Engenho d'água. Pagava pensão de 3%. Entre 1593 e 1617, pertenceu a Paulo Bezerra, vereador de Olinda em 1596, 1603, 1611 e 1620. Quando da invasão holandesa, pertencia a seu filho Luís Brás Bezerra, que permaneceu à frente da propriedade. Em 1623, produzia 7510 arrobas. Em 1634, destruído pela tropa batava. Moía em 1637 e 1639, com cinco partidos de lavradores que, somados ao da fazenda (oito), forneciam 55 tarefas, equivalentes a 2750 arrobas. Em 1644, Luís Brás propôs ao governo do Recife um acordo para o pagamento das suas dívidas e das dos genros (Álvaro Teixeira de Mesquita e Antônio Mendes) à WIC e a comerciantes particulares, decorrentes da aquisição de africanos, no total de 12755 florins. Em 1645, Luís Brás aderiu à insurreição luso-brasileira. Em 1650, ele deu o engenho em dote a Fernão de Melo de Albuquerque, que se casara com sua filha Antônia, viúva de Álvaro Teixeira de Mesquita. O São Jerônimo safrejava em 1655. Em 1645, Luís Brás devia 2422 florins à WIC. Em 1663, sua dívida e a dos genros para com a WIC somavam 21116 florins.[10]

11) SANTO ANTÔNIO. Sito à margem direita do Capibaribe. Engenho de bois. Pagava 2% de pensão. Levantado na sesmaria de Diogo Gonçalves, natural de Aveiro (Beira Litoral), filho de lavradores e auditor da gente de guerra da capitania. Em 1593, ele residia no seu engenho do Salvador, em Beberibe, o qual fora fundado pelo primeiro donatário, Duarte Coelho, e ainda existia em 1609, quando pertencia a Leonardo Fróis, filho de Diogo Gonçalves e mercador em Lisboa, embora já não existisse ao tempo da ocupação holandesa. Markgraf, contudo, registrou sua localização. Em 1575, Diogo Gonçalves residia em Beberibe, sendo "morador antigo", pelo que recebeu sesmaria em Tapacurá. Noutra sesmaria, que ganhou na várzea do Capibaribe, Diogo Gonçalves construiu dois engenhos, o Santo Antônio e o Nossa Senhora das Necessidades, depois Tourlon. Em 1593, o Santo Antônio pertencia a Cristóvão Pais d'Altro, natural de Viana (Minho), filho do licenciado Gomes Pais d'Altro; e também arrematador do contrato dos dízimos. Em 1609, há referência ao engenho como pertencente a Julião Pais; em 1623, a Jerônimo Pais d'Altro, produzindo 12110 arrobas. Ocupado pela tropa holandesa quando do sítio do Arraial em 1633, safrejava em 1637 e 1639, sendo arrolado como pertencente a Francisco de Brito Pereira, que, na realidade, era apenas o rendeiro, uma vez que o Santo Antônio pertencia então à viúva de Jerônimo Pais, Isabel Gonçalves Fróis. Contava com três partidos de lavradores, num total de 77 tarefas, sem partido da fazenda, equivalentes a 2695 arrobas. Em 1642, João Fernandes Vieira adquiriu o engenho, "quase todo arruinado", a Isabel Gonçalves Fróis em "dinheiro de contado", dando-lhe ainda "dois negros pescadores", presenteando sua filha, Ana Pais d'Altro, para que consentisse na venda, com "um colar de duzentos mil-réis", e compensando as filhas de Francisco de Brito Pereira com duas moedas de 4 mil-réis cada uma

pelo prazo ainda não expirado do arrendamento, além de "uma moleca, com o que tudo ficou aquietado e concluído". Em 1655, o engenho estava a monte.[11]

12) APIPUCOS. Invocação Nossa Senhora da Madre de Deus. Sito à margem esquerda do Capibaribe. Engenho d'água. Pagava 4% de pensão. Suas terras faziam parte originalmente do engenho São Pantaleão, nelas existindo em 1577 um partido de cana de André Gonçalves. Em 1593, a fábrica já funcionava, pertencendo a Leonardo Pereira, casado com Brásia Pinta, processada pela Inquisição por práticas judaizantes; em 1609, a d. Jerônimo de Almeida, ex-governador de Angola (1593-4), então residente em Olinda; e em 1623 a Gaspar de Mendonça, que aí produzia 2380 arrobas. Em 1634, a tropa holandesa atacou o engenho, que saqueou "à vontade [...] obtendo grandes despojos e aprisionando o senhor de engenho e alguns da sua família". Gaspar permaneceu sob o domínio holandês. Em 1637, o engenho não moía, devendo fazê-lo na safra de 1639. Já então havia povoação homônima ao lado do engenho, contando com mais de trinta fogos. Em 1645, ao iniciar-se a insurreição luso-brasileira, o Apipucos foi novamente saqueado pela tropa batava, que tomou "todo o seu gado de cabras, carneiros e porcos e alguns bois, e os cavalos dos moradores e escravos". Moente em 1655. Em 1645 e 1663, Gaspar devia 865 florins à WIC. Em 1664-7, pertencia a seus filhos.[12]

13) SÃO PANTALEÃO. Sito à margem esquerda do Capibaribe. Engenho d'água. Pagava 4% de pensão. Fundou-o Pantaleão Monteiro antes de 1577. Herdou-o sua filha Brásia, natural de Pernambuco, casada com Domingos Bezerra Felpa de Barbuda. Domingos, fidalgo de geração, era natural de Viana (Minho), filho de Antônio Bezerra Felpa de Barbuda, que se havia fixado em Pernambuco ao tempo do primeiro donatário. Em 1556, Domingos

Bezerra possuía uma plantação de milho em Beberibe. Em 1582, era vereador de Olinda. Em 1593, o engenho pertencia a Fernão Martins Pessoa, que faleceu antes de 1609, pois neste ano sua viúva, Maria Gonçalves Raposo, é designada como proprietária. Em 1612, por sua morte, o engenho passou ao segundo filho de Domingos Bezerra, Francisco Monteiro Bezerra, vereador de Olinda em 1616. Em 1623, o engenho produzia 6920 arrobas. Quando da ocupação holandesa, Francisco Monteiro era o capitão de milícias da Várzea do Capibaribe, participando da guerra de resistência; e em 1633, refugiou-se no Arraial do Bom Jesus. Em 1634, um contingente holandês atacou o engenho, incendiando-o, aprisionando seis portugueses e catorze africanos e tomando "muito açúcar". Em 1635, ocupado pela tropa batava que aí se aquartelou quando do segundo sítio do Arraial, onde Francisco Monteiro Bezerra novamente se refugiou na companhia de outros senhores da Várzea, tendo de pagar resgate. Em 1637, o engenho estava "muito arruinado" e não moeria. Tampouco moeria em 1639. Neste ano, após o saque da povoação de Apipucos pelos campanhistas luso-brasileiros, Francisco Monteiro e dois dos seus filhos foram desterrados para a Holanda, sob suspeita de correspondência com o inimigo, "permitindo-se-lhe que seus bens fiquem à sua disposição e que sua mulher e seus outros filhos possam permanecer". Francisco Monteiro regressou posteriormente a Pernambuco. Em 1645, seu filho João Pessoa Bezerra aderiu à insurreição luso-brasileira. Reconstruído por ele, o engenho moía em 1655, sendo transformado em vínculo. Em 1664-7, Maria Pessoa, viúva de Francisco, e os filhos, o citado João Pessoa Bezerra e Miguel Bezerra Monteiro, senhoriavam a propriedade.[13]

14) D. CATARINA, ENGENHO DE. Invocação Santo Amaro. Sito à margem esquerda do Jaboatão. Registraram-no Markgraf e Golijath pelo nome do orago. Fundado por

Simão Lopes, em 1593 ele pertencia a Simão Falcão de Sousa, natural do Espírito Santo, que chegara a Pernambuco como provedor da Fazenda Real e que foi processado pela Inquisição por negar publicamente que o bispo tivesse poder para dar dias santos, o que só resultava, segundo dizia, em "opressão e perda" do erário régio e dos senhores e lavradores de engenho, pois que "não se faziam tantos açúcares e os negros, não trabalhando, faziam desaguisados". Por sua morte, o engenho passou à viúva, d. Catarina Pais. Já safrejava em 1589. Em 1623, estaria de fogo morto, uma vez que não foi incluído na relação de José Israel da Costa. Em 1636, o engenho que "foi de d. Catarina", a qual se retirara para a Bahia, achava-se "há longos anos em ruínas, não se veem mais do que as suas terras". Em 1638, julgando a câmara de escabinos de Olinda uma demanda em torno da propriedade, o governo do Recife instruiu um dos seus funcionários a examinar os direitos da WIC. Ignora-se o desfecho do assunto. O engenho não consta da relação de 1655.[14]

15) TRÊS REIS MAGOS. Rebatizado Straetsburch. Sito à margem direita do Capibaribe. Registram-no Markgraf pela nova designação e Golijath pela antiga. Engenho de bois. Pagava 2% de pensão. Em 1609 pertencia ao licenciado Martim Vaz de Moura, que exercera a ouvidoria de Pernambuco; e em 1623, à sua viúva Isabel de Carvalho, produzindo 6750 arrobas. Em 1624, d. Isabel doava à Ordem de São Bento uma casa em Olinda em troca do compromisso de se enterrarem na igreja do convento seus restos mortais e os ossos do falecido marido. Quando da ocupação holandesa, pertencia ao genro do casal, Ambrósio Machado de Carvalho, que fora capitão-mor do Rio Grande do Norte (1616) e era coronel de milícias de Olinda (1630). Tendo Ambrósio se retirado com o exército da capitania, o comerciante Jacques Hack pretendeu adquiri-lo em 1635. O governo do Recife, contu-

do, deu preferência a Nicolaas de Ridder, funcionário da WIC. O engenho era administrado então pelo feitor, Lourenço Nunes. Desinteressando-se De Ridder pela compra, foi vendido (6.VI.1637) a outro alto funcionário da WIC, Willem Schott, por 20 mil florins, em quatro prestações anuais de 5 mil florins. Na mesma ocasião, Schott comprou um pedaço de terra por 7 mil florins, a pagar em três prestações, provavelmente partido livre das cercanias do engenho, cujo lavrador teria também emigrado. Moía em 1639, dispondo de três partidos de lavradores que, com o partido da fazenda (24), forneciam 72 tarefas, equivalentes a 2520 arrobas. O relatório de Van der Dussen atribui também sua propriedade ao comerciante Christoffel Eyerschettel. Embora não haja documento que abone a informação, é possível que se trate de sócio de Schott. A monte em 1655. Em 1645, Schott era devedor de 20 mil florins à WIC; e em 1663, de 22 040 florins.[15]

16) TOURLON. Também chamado Nassau (sob cuja denominação é registrado por Markgraf), em homenagem ao governador do Brasil holandês. Invocação Nossa Senhora das Necessidades. Sito à margem esquerda do Capibaribe. Engenho de bois. Fundou-o no século XVI Diogo Gonçalves, que o legou à filha, Isabel Gonçalves Fróis, casada com Jerônimo Pais d'Altro. Em 1623, produzia 12 110 arrobas. Quando da invasão holandesa, herdara-o a neta de Diogo e filha de Isabel, Ana Pais d'Altro, mulher de Pedro Correia da Silva, capitão do exército, o qual sucumbiu na defesa do forte de São Jorge (1630). Permanecendo sob o domínio holandês, Ana Pais casou com Charles de Tourlon, capitão da guarda de Nassau. Em 1639, o engenho preparava-se para moer, de vez que Tourlon o reconstruíra com equipamento saqueado no Recôncavo baiano quando do sítio de Salvador no ano anterior. Suspeitando da fidelidade de Tourlon, que estaria manobrando para

substituí-lo no governo, Nassau mandou-o para a Holanda, onde ele faleceu em 1644. Ana Pais casou em terceiras núpcias com Gijsbert de With, alto funcionário da WIC, com quem em caráter definitivo seguiu para a Holanda após a rendição de 1654. O engenho, que tinha "uma casa[-grande] espaçosa e forte", ficou destruído devido à batalha que ali se travou (17.VIII.1645), pois não é mencionado em 1655. Escabino em Haia e primo do Grande Pensionário da Holanda, Gijsbert de With participou das negociações diplomáticas entre os Países Baixos e a Coroa portuguesa relativas ao Nordeste. Em 1645, Charles de Tourlon era debitado em 3425 florins à WIC. Em 1663, Gijsbert de With apresentou suas reivindicações patrimoniais ao governo português, mas somente em 1692 seus herdeiros serão indenizados. Em 1658, o Conselho Ultramarino concedeu a liberdade de dez anos a Antônio de Freitas da Silva, cunhado de Ana Pais, que participara da guerra da restauração e reconstruíra o engenho, que ainda senhoriava em 1664-7.[16]

17) SÃO TOMÉ. Rebatizado Roterdã. Sito à margem direita do Capibaribe. Markgraf não o registrou mas fê-lo Golijath. Engenho de bois. Pagava 0,5% de pensão. Em 1593, pertencia a Pero Cardigo, natural do Sardoal (Guarda, Beira Alta), cujos pais "viviam por sua fazenda". Pero, então capitão de milícias de Olinda e processado por blasfêmia pelo Santo Ofício, fora tesoureiro da Fazenda dos Defuntos e Ausentes de Pernambuco e capitão na conquista da Paraíba. Possuía então dois outros engenhos na Várzea e em Jaboatão. Casou uma das filhas com Lourenço de Sousa de Moura contra a promessa de dote de 12 mil cruzados, mas como não o pagasse, o genro apossou-se judicialmente do São Tomé. Lourenço foi abandonado pela mulher após dar-lhe um filho, Antônio de Sousa de Moura. Em 1623, o engenho produzia 590 arrobas. Lourenço deve ter falecido pouco

antes ou pouco depois da invasão holandesa, ocasião em que se verificou o abandono do partido de cana arrendado a Pedro Vigário e Francisco da Costa de Abreu, desterrados pelo governo do Brasil holandês para as Índias Ocidentais. O predicante Daniel Schagen obteve o partido (22.X.1635). Em janeiro de 1636, Antônio de Sousa de Moura, declarando-se "único herdeiro do engenho São Tomé e dos partidos que a ele pertencem", informava havê-los arrendado a Schagen pelo prazo de 25 anos. Em 1637, sendo Schagen interpelado sobre o paradeiro de certos escravos pertencentes à WIC, Antônio de Sousa de Moura o apoiou, informando que Schagen dispunha-se a safrejar "assim que o engenho estiver pronto". Moía em 1639. Posteriormente Antônio de Sousa de Moura vendeu-o por 18 mil florins a Willem Bierboom, comerciante estabelecido em 1636 e que o rebatizou de Roterdã, embora a fábrica fosse conhecida por engenho do Bribão, corruptela do nome do novo dono. Bierboom associara-se a Jacob Velthuysen na exploração do engenho. Em 1645, os insurretos luso-brasileiros construíram ali o Arraial Novo. Bierboom retirara-se para o Recife, onde, "malgrado as dificuldades dos tempos, tem feito o possível para cumprir os seus compromissos com a WIC", contratando o fornecimento de pedra e tijolo à Companhia. Em 1647, tendo sido executado em 2027 florins como fiador de Mateus van de Broeck pela compra de africanos, conseguiu desembolsar de imediato só a metade da quantia. Em 1645, Bierboom era devedor de 7862 florins à WIC. Em 1655, o engenho estava a monte sem que ninguém o reclamasse. Em 1663, Abraham Velthuijsen, como único interessado na sucessão de Bierboom, reivindicou indenização da Coroa portuguesa.[17]

18) TEGIPIÓ. Sem indicação de orago. Sito à margem esquerda do rio homônimo. Markgraf registrou-o como Migau, da alcunha do seu proprietário, Antônio Fernan-

des Pessoa. Engenho de bois. Pagava 1,5% de pensão. Fundado por Antônio de Andrade Caminha, oriundo do Conselho do Bem Viver, bispado do Porto, e filho dos da governança daquela terra. Em 1598, Antônio surge como residente em Olinda. Em 1609, menciona-se o engenho de Antônio de Andrade da Cunha, provavelmente filho do fundador. Em 1638, o engenho estava "todo arruinado e dificilmente poderá ser reconstruído". A monte em 1655. Suas terras foram adquiridas por João Fernandes Vieira.[18]

19) NOSSA SENHORA DAS CHAGAS. Situado à margem esquerda do Capibaribe, acima do engenho Camaragibe, já nas proximidades da povoação de São Lourenço. Não o registrou Markgraf mas fê-lo Golijath. As fontes divergem sobre sua força motriz. Pagava 2% de pensão. Pode ser o engenho que surge em 1593 como pertencente a Simão Vaz, mercador. Em 1623, produzia 3370 arrobas, pertencendo a Diogo da Costa Maciel, que permaneceu sob o domínio holandês. Ao passo que o "Breve discurso" o situa em São Lourenço, o relatório de Van der Dussen refere-se a um engenho de Diogo da Costa Maciel na Várzea e outro em São Lourenço, mas se deve tratar de dupla contagem. Em 1637, "muito arruinado, há anos que não mói". Em 1638, continuava a monte e "dificilmente poderá ser reconstruído porque o seu dono é pobre". Em 1645, Diogo da Costa aderiu à insurreição luso-brasileira. Ainda a monte em 1655.[19]

20) CAMARAGIBE. Invocação Santiago. Sito à margem esquerda do Capibaribe. Engenho de bois. Em meados do século XVI, Diogo Fernandes recebeu a sesmaria a fim de levantar engenho, chegando a plantar canaviais. Atacado pela indiada em 1555. Como Diogo Fernandes não houvesse cumprido a condição pela qual lhe fora concedida a terra, o segundo donatário, Duarte de Albuquerque

Coelho, parcelou-a entre Diogo Fernandes, seu sócio Pedro Álvares Madeira e Bento Dias Santiago, comerciante de Olinda, que construiu finalmente a fábrica. Em 1593, há referência ao "engenho de Camaragibe, ora chamado Santiago", dos herdeiros de Bento Dias, que falecera em Portugal. Em 1609, pertencia a Damião Álvares de Teive, que, capitão da guarnição de Olinda, fora nomeado em 1600 sargento-mor. Em 1638, o engenho estava de "todo destruído". Não é sequer mencionado em 1655.[20]

21) NOSSA SENHORA DO ROSÁRIO. Engenho de bois. Em 1623, pertencia a Salvador Jorge, produzindo 2,5 mil arrobas. Nem Golijath nem Markgraf o registram; o "Breve discurso" tampouco o menciona. Fê-lo apenas o relatório de Van der Dussen, atribuindo-o a Antônio Jorge. Não devia moer em 1639. Em 1663, Antônio Jorge devia 420 florins à WIC.[21]

### Igaraçu

1) AIAMA DE RIBA. Invocação Fiéis de Deus. Sito à margem esquerda do Inhamã. Engenho d'água. Fundado em 1548 por Vasco Fernandes de Lucena, cavaleiro da Casa d'El Rei e feitor e almoxarife da Fazenda Real em Pernambuco, em sesmaria doada em 1540 por Duarte Coelho. Em 1593, o engenho pertencia a seu filho Francisco Fernandes. Em 1609, a Estêvão Gomes, que fora escrivão da Fazenda Real em Pernambuco. Em 1623, produzia 2847 arrobas, pertencendo a Pero da Rocha Leitão, que será executado por colaboracionismo pelo comando luso-brasileiro. Em 1636, campanhistas puseram "em pedaços todas as formas e caixas de açúcar [...] atirando a maior parte n'água". Em 1637 e 1639, moía sob os herdeiros de Pero da Rocha, contando com nove lavradores, num total de 56 tarefas (2,8 mil arrobas), sem partido da fazenda.

Evacuado em 1646, quando da retirada da população civil residente entre Olinda e o Rio Grande do Norte, decidida pelo comando do exército luso-brasileiro de restauração. Em 1645, os herdeiros de Pero da Rocha deviam 1750 florins à WIC; e em 1663, 4,9 mil florins. Após a restauração, adquirido em leilão por João Fernandes Vieira e revendido ao licenciado Pedro Monteiro de Queiroz.[22]

2) AIAMA DE BAIXO. Invocação Nossa Senhora do Rosário. Sito à margem esquerda do Inhamã. Engenho d'água. Em 1623, André Coelho era seu proprietário, moendo apenas cem arrobas. Após a invasão holandesa, há referência ao "engenho de Aiama, que era de André Coelho de Faria", mas em 1637 é arrolado como pertencente a Manuel Jácome Bezerra, provavelmente rendeiro. Moía em 1637 e 1639, com cinco lavradores e o partido da fazenda (dezesseis) num total de 71 tarefas (3550 arrobas). Abandonado em 1646. Como o Aiama de Cima, foi adquirido a André Coelho após restauração por João Fernandes Vieira, que o revendeu ao cunhado, Francisco Berenguer de Andrade. Em 1663, André Coelho era devedor de 16086 florins à WIC; e Manuel Jácome Bezerra, de 4178 florins. Evacuado em 1646.[23]

3) PIRAJUÍ. Invocação Nossa Senhora de Nazaré. Sito à margem do rio homônimo. Engenho d'água. Fundado antes de 1609 por Gonçalo Novo de Lira, o Velho, promotor fiscal do Santo Ofício em Pernambuco. Em 1623, produzia 1545 arrobas. Quando da ocupação holandesa, pertencia a Domingos Velho Freire, que permaneceu sob o domínio estrangeiro. Moía em 1637 e 1639, dispondo de seis partidos de lavradores, no total de 68 tarefas, sem partido da fazenda (3,4 mil arrobas). Evacuado em 1646.[24]

4) TABATINGA. Sem indicação de orago. Sito na margem esquerda do rio homônimo. Engenho d'água. Em 1609,

pertencia a Vicente Fernandes; posteriormente a Francisco
Quaresma de Abreu, inspetor geral do pau-brasil de 1600 a
1607, ouvidor em Pernambuco e escrivão da Misericórdia
de Olinda. Em 1623, o engenho produzia 3920 arrobas.
Por se recusar a aceitar o domínio batavo, em 1635 Francisco Quaresma foi desterrado para a Holanda, juntamente com a mulher, filhos e escravos do serviço doméstico,
no total de 24 pessoas. Incendiado o engenho pela tropa
neerlandesa, a administração foi confiada pelo governo do
Recife ao lavrador Vicente Siqueira. O Tabatinga dispunha
então de catorze escravos e 23 animais. Em 1637, vendido
a Pieter Marissingh e sócio. Moía em 1639, dispondo de
três partidos de lavradores, no total de 75 tarefas (3750
arrobas), sem partido da fazenda. Em terras do engenho,
achava-se a divisória entre as capitanias de Pernambuco e
Itamaracá. Evacuado em 1646. Em 1645, Marissingh e sócio eram devedores de 988 florins à WIC.[25]

5) ESPÍRITO SANTO. Sito à margem direita do Araripe.
Engenho d'água. Levantado por Gonçalo Novo de Lira,
o Velho, já moía em 1609. Em 1623, produzia 4304 arrobas. Em 1633, atacado pela tropa holandesa. Em 1636,
os campanhistas luso-brasileiros, em represália pelo colaboracionismo de Gonçalo Novo de Lira, o Moço, puseram "em pedaços todas as formas e caixas de açúcar
[...] atirando a maior parte n'água". Contava em 1638
com nove partidos de lavradores, sem partido da fazenda, num total de 95 tarefas (4750 arrobas). Evacuado em
1646, quando o proprietário já se refugiara no Recife.
Em 1650, alegando sua fidelidade ao domínio holandês,
ele obtinha autorização para receber vinte caixas de açúcar e para enviar aos filhos alguns tecidos. Em 1645 e
1663, Gonçalo era devedor de 16,5 mil florins à WIC.[26]

6) JARACUTINGA. Também chamado Araripe de Riba.
Invocação São Felipe e Santiago. Sito à margem direita

do rio Araripe. Markgraf registra-o pelo nome dos oragos. Engenho d'água. Pode ser o segundo engenho que em 1609 pertencia a Vicente Fernandes. Pertencente em 1623 a Domingos da Costa Brandão, produzindo 7080 arrobas. Em 1633 e 1634, a tropa holandesa atacou o engenho, incendiando a fábrica, inclusive 1600 pães de açúcar que se achavam na casa de purgar, ao passo que "a casa de residência foi queimada até o chão", prejuízos estimados em 30 mil florins. Em 1636, campanhistas luso-brasileiros puseram "em pedaços todas as fôrmas e caixas de açúcar [...] atirando a maior parte na água". O proprietário permaneceu sob o domínio holandês e em 1637 e 1639 o engenho moía, dispondo de um partido de lavrador e do partido da fazenda (trinta), no total de cinquenta tarefas (2,5 mil arrobas). Naquele último ano, Domingos encontrava-se na Holanda, de onde ele e a mulher, Maria Henriques Brandoa, passaram procuração a José de Abraão Lumbroso, de partida para o Brasil (e na falta deste, a Antônio Rodrigues Moreno), dando-lhe poderes para assumir a direção do engenho e expulsar a lavradora Maria da Fonseca, que o ocupara na sua ausência. Outras procurações foram passadas por Domingos e Manuel Henriques Brandão, o que deixa supor que os irmãos eram sócios no engenho. Evacuado em 1646. Em 1663, Sara Lumbroso, aliás Maria Henriques, apresentava suas pretensões a ressarcimento pela Coroa portuguesa.[27]

7) JAGUARIBE. Sem indicação de orago. Sito à margem direita do rio homônimo. Engenho d'água. Em 1609, seu proprietário era Gaspar Fernandes Anjo, que em 1600-2 fora mercador e contratador dos dízimos de Pernambuco. Em 1623, pertencia a Francisco Gomes Flores, produzindo 3,2 mil arrobas. Quando da ocupação holandesa, pertencia à viúva de Francisco, Jerônima Cabral Távora, estando arrendado a Antônio da Rocha Bezerra. Este An-

tônio da Rocha ou homônimo fora em 1593 senhor de engenho na freguesia, exercendo o cargo de provedor dos Defuntos e escrivão da Fazenda de Sua Majestade. O engenho moía em 1637 e 1639. O relatório de Van der Dussen contou-o duplamente sob os números 78 e 85. Evacuado em 1646. Em 1647, o engenho pertencia a Paulo de Almeida e Souza, que vendeu um partido de cana do dito engenho à Ordem beneditina. Em 1663, Antônio da Rocha Bezerra era devedor de 3060 florins à WIC.[28]

8) MUSSUPE. Invocação São João Batista. Sito à margem direita do rio homônimo. Engenho d'água. Em 1609 seu proprietário, João Velho Prego, que fora escrivão da Câmara de Olinda e tabelião na vila, era havia pouco falecido. Em 1623, pertencia a Jorge Rodrigues Porto, produzindo 3552 arrobas. Quando da ocupação holandesa, pertencia a João Lourenço Francês, que permaneceu na propriedade. Moía em 1637 e 1639, com quatro partidos de lavradores, no total de 86 tarefas (4,3 mil arrobas), sem partido da fazenda. Queimado em abril de 1641 por campanhistas luso-brasileiros. Em 1644, João Lourenço contratou com a WIC a encampação da sua dívida, altura em que devia à Companhia e a comerciantes particulares o montante de 84 509 florins. Segundo "A bolsa do Brasil", "o contratante tem alguma coisa. Os seus fiadores são três; um deles é um procurador que nada tem, os outros são necessitados". Subornou as autoridades neerlandesas com 16 mil florins. João Lourenço e seus filhos aderiram à insurreição em 1645. Evacuado em 1646. Em 1663, ele era devedor de 80 133 florins à WIC.[29]

9) PARATIBE DE RIBA. Invocação Santo Antônio. Sito à margem direita do Paratibe. Engenho d'água. Em terras dadas em dote por Jerônimo de Albuquerque em 1559 a seu genro Gonçalo Mendes Leitão, este levantou o engenho Paratibe, que passou a denominar-se Paratibe de

Riba para distingui-lo do Paratibe de Baixo, posteriormente construído em terras da mesma sesmaria por um filho de Gonçalo. Em 1609, Gaspar Fernandes Anjo possuía dois engenhos em Paratibe e Jaguaribe, exportando açúcar para Lisboa. Em 1623, o Paratibe de Riba produzia 2907 arrobas. Em 1639, o Paratibe de Riba e o de Baixo eram "dois engenhos muito arruinados e de todo destruídos durante a guerra".[30]

10) PARATIBE DE BAIXO. É provavelmente o engenho sito à margem direita do Paratibe que Markgraf registrou como Nossa Senhora das Candeias. Levantado em terras desmembradas ao Paratibe de Cima, pertencente a seu pai, por um dos filhos de Gonçalo Mendes Leitão. Em 1623, devia ser o segundo engenho que Gaspar Fernandes Anjo possuía na região. Em 1633, a tropa holandesa marchou "para o norte do rio Doce, até certo povoado, onde aprisionaram o proprietário do engenho que havia ali e mais outras pessoas, e incendiaram o engenho".[31]

## São Lourenço

1) SÃO BENTO. Sito à margem esquerda do Capibaribe. Engenho d'água. Pagava 3% de pensão. Edificado nos últimos anos da década de 1580. Em 1593, pertencia a Ambrósio Fernandes Brandão, que chegara à capitania antes de 1583, sendo inicialmente feitor da cobrança do dízimo do açúcar então arrendada ao comerciante Bento Dias de Santiago. Ambrósio participou da conquista da Paraíba. Em 1597, exportava diretamente seu açúcar para Lisboa. Em 1600, o engenho é dado como pertencente a Antônio Lopes Brandão, provavelmente seu parente, pois então Ambrósio já residia em Lisboa, para onde lhe era consignado o açúcar procedente do São Bento. Em 1609, Ambrósio ainda era dado como pro-

prietário do São Bento. Permaneceu em Lisboa até 1607, exercendo o cargo de tesoureiro geral da Fazenda dos Defuntos e Ausentes do Estado do Brasil, o que explicaria as relações que mantinha com altas autoridades do Reino. Regressando ao Brasil, estabeleceu-se na Paraíba, onde fundou três engenhos de açúcar e redigiu os *Diálogos das grandezas do Brasil*. Em 1623, o São Bento pertencia a Manuel Rodrigues Nunes, produzindo 8617 arrobas; em 1637, a Francisco Nunes Barbosa, que permaneceu sob o domínio holandês, e que em 1638 vendeu a Nicolaas de Ridder e Jacob Vermeulen um partido de cana com a obrigação de fornecer sessenta tarefas à sua moenda. Moente em 1637 e 1639, com cinco partidos de lavradores, num total de 101 tarefas (5050 arrobas), sem partido da fazenda. Em 1644, pertencia ao dr. Manuel Barbosa da Silva, devedor de 42 mil florins a Gaspar Francisco da Costa, comerciante do Recife, dívida contraída com a garantia do engenho. Em 1645, Barbosa da Silva aderiu à insurreição luso-brasileira. Em 1655, moente, ainda pertencia a Barbosa da Silva, que em 1663 era devedor de 7320 florins à WIC.[32]

2) MURIBARA. Invocação Nossa das Flores. Sito à margem direita do Capibaribe. Engenho d'água. Fundado por volta de 1589. Pagava de pensão trinta arrobas de açúcar branco encaixado. Pode ser o engenho pertencente em 1593 ao licenciado André Magro de Oliveira, natural de Olivença (Alentejo), fidalgo de linhagem e licenciado em leis e residente em Olinda, o qual achava-se então preso "pela morte de um homem" e era acusado de bigamia. André Magro residia em Olinda pelo menos desde 1588. É provável que se tenha refugiado no Brasil devido à sua participação na resistência de d. Antônio, prior do Crato, ao domínio espanhol, motivo da sua primeira prisão em Olinda em 1589. Em 1598 e 1609, o Muribara pertencia a André Gomes de Pina, que naquele ano exporta-

va açúcar para Lisboa; e em 1623 a Gabriel de Pina, produzindo 6967 arrobas. Com a invasão holandesa e na ausência do dono em Castela, confiscado e vendido por 18 mil florins, em seis prestações anuais (11.VIII.1637), a André Soares, parente dos anteriores proprietários. Não moía em 1637 mas devia fazê-lo em 1639, quando pertencia a Fernão Soares da Cunha, com quatro partidos de lavradores que, com o partido da fazenda (quinze), perfaziam 54 tarefas (2,7 mil arrobas). Moente em 1655 sob o mesmo proprietário. Em 1663, André Soares era devedor de 22 572 florins à WIC e Fernão Soares, de 2073 florins. Após a restauração, a Coroa reivindicou os direitos decorrentes do sequestro a que havia submetido em 1641 os bens pertencentes a portugueses residentes em Castela, arrendando o Muribara ao herdeiro do falecido proprietário. Ao cabo de oito anos, Diogo Soares da Cunha devia oitocentas arrobas de açúcar a título de arrendamentos vencidos. Executado pela provedoria da Fazenda, não pôde satisfazê-las, mas se beneficiou da legislação que proibia o desmembramento dos engenhos para fins de execução por dívida. Diogo Soares pagou fiança e Muribara lhe foi pela segunda vez arrendado, na dependência de solução definitiva da contenda. Esta certamente o favoreceu, uma vez que descendentes seus ainda o possuíam em fins do século XIX.[33]

3) NOSSA SENHORA DO MONSERRATE. Sito à margem esquerda do rio homônimo. Markgraf registrou-o sob a denominação de Nossa Senhora do Rosário e Golijath como Tapacurá. Engenho de bois. Pagava de pensão 10 mil-réis em dinheiro. Fundado após 1609. Pertencia em 1623 a Antônio Rodrigues Moreno, produzindo 5,7 mil arrobas. Saqueado em 1636 por campanhistas luso-brasileiros. Seu proprietário permaneceu sob o domínio holandês. O engenho safrejou em 1637 e 1639, com cinco partidos de lavradores, no total de cerca de cem tarefas

(3,5 mil arrobas), sem partido da fazenda. Em 1643, com o falecimento do dono, seus credores expuseram ao governo do Brasil holandês o abandono em que se achava, propondo fosse repassado a Manuel Fernandes Cruz, "indivíduo de suficientes capitais", que se oferecera para beneficiá-lo pagando aos credores e à WIC nas três safras seguintes. A oferta foi aceita e em 1644 Cruz reclamava contra os contratadores de pau-brasil (um deles seu amigo o padre Manuel de Morais), cujos carros de boi causavam dano aos canaviais. O engenho dispunha então de "todas suas terras, canaviais, pastagens, matas e outras coisas a ele pertencentes, tais como: oito caldeiras de cobre, dez tachos e paróis, além de outras vasilhas de cobre [...], noventa escravos [...] sua casa [de vivenda] e sessenta bois". Em setembro daquele ano, Cruz compareceu perante as autoridades, acompanhado dos credores, igualmente devedores à WIC no montante de 41 526 florins. De acordo com a recente decisão governamental de encampar as dívidas particulares dos senhores de engenho mais endividados, acordou-se que Cruz ficaria devedor à WIC da soma de 60 795 florins, dos quais 19 269 florins das suas próprias dívidas à Companhia, e os restantes 41 526 florins das dívidas dos seus credores. O débito de Cruz deveria ser pago nas três safras seguintes e a primeira prestação em janeiro de 1645. Foram fiadores João de Mendonça e Manuel Gomes de Lisboa. Um deles, cunhado de Cruz, "não tem nada"; e o outro "é remediado". Ainda segundo "A bolsa do Brasil", Cruz teria subornado com 10 mil florins as autoridades do Recife. Em junho daquele ano, ao desfechar a insurreição luso-brasileira, Fernandes Vieira, subindo com sua tropa pela ribeira do Capibaribe, deteve-se no engenho de Cruz, mas "nem [...] quis comer coisa de sua casa nem dormir dentro nela, e se agasalhou na ermida do engenho, e o levou [Cruz] consigo, mostrando-lhe ruim semblante pelas grandes suspeitas que havia de que ele avisava ao inimigo de tudo o que entre nós se passava". Em 1652, Cruz sugeria a d. João IV várias medidas de incentivo à economia canavieira. O engenho safrejava em 1655. Em 1645, Cruz era devedor de 47756 florins à WIC e de outros 10070 florins "conta a prazo"; e em 1663, de 61160 florins.[34]

4) SÃO JOÃO. Sito à margem direita do Tapacurá. Markgraf registrou-o sob a denominação de "Olanda", do sobrenome do proprietário; Golijath, por engano, grafou "engenho d'Olinda". Engenho de bois. Pagava 1,5% de pensão. Fundado depois de 1623 por Arnal de Holanda Barreto, que permaneceu na propriedade, sendo preso em 1638 sob a acusação de conspirar contra o domínio holandês. Moía em 1637 e 1639, quando não contava com partidos de lavradores mas apenas com o partido da fazenda, no total de sessenta tarefas (2,1 mil arrobas). Em 1645, Arnal e filhos aderiram à insurreição. Moía em 1655. Em 1663, Arnal era devedor de 27 florins à WIC.[35]

5) MACIAPE. Invocação Chagas de Cristo. Sito à margem esquerda do Capibaribe. Engenho d'água. Pagava 3% de pensão. Fundado depois de 1588 por Arnal de Holanda. Em 1593, eram seus proprietários Luís do Rego Barros e Cristóvão de Holanda, genro e filho do fundador. De 1588 a 1591, o quinhão de Luís esteve arrendado a Cristóvão, mas a partir de então os cunhados passaram a explorar a meias o engenho. Posteriormente, Luís comprou a parte de Cristóvão, pois entre 1596 e 1605 surge como único proprietário. Em 1596, foi vereador de Olinda. Vindo a falecer antes de 1609, o Maciape passou à viúva, Inês de Góis de Vasconcelos. Em 1617, pertencia ao filho do casal, Francisco do Rego Barros. Em 1623, Maciape produzia 7720 arrobas. Em 1633, o dono abandonou-o, refugiando-se no Arraial do Bom Jesus, "trazendo todos os mantimentos que puderam carregar seis carros e qua-

renta pretos seus e mais de trinta homens armados que pôde juntar". Atacado pela tropa holandesa em 1635. Nesse mesmo ano, Francisco do Rego Barros e família retiraram-se para a Bahia, onde ele viria a falecer. Havendo perdido o engenho, que "importava muitos mil cruzados", sua viúva, Arcângela da Silveira, e seu filho, João do Rego Barros, viveram de empréstimos, "cujo pagamento ficou reservado para quando se restaurasse a dita capitania" de Pernambuco. Confiscado, Maciape foi em 1636 provisoriamente explorado por Elbert Chrispynsen, que denunciou o sogro de Francisco, Duarte Gomes da Silveira, senhor de engenho na Paraíba, por haver subtraído, com a cumplicidade de terceiros, onze bois de trabalho do engenho, os quais pertenciam legalmente à WIC em virtude do confisco de Maciape. O governo do Brasil holandês condenou Duarte a pagar soma equivalente ao valor dos animais. Os cúmplices foram condenados a devolver o duplo do número de animais que haviam escondido. Em 1637, Maciape foi vendido a Chrispynsen (28.V.1637) por 70 mil florins em seis prestações, juntamente com uma casa incendiada, que Francisco do Rego Barros possuíra em Olinda. Em 1638, Chrispynsen revendeu Maciape a Paulus Vermeulen e sócio. O engenho devia safrejar em 1639, altura em que foi desenhado por Zacarias Wagener. Incendiado em 1640 por campanhistas luso-brasileiros. Em 1649, Vermeulen era escabino na Paraíba. Após a expulsão dos holandeses, o engenho moía, tendo sido reconstruído por João do Rego Barros, que para este fim contraíra novas dívidas. Em 1656, Arcângela da Silveira requereu ao Conselho Ultramarino a mora de três anos para o pagamento das dívidas em que incorrera desde 1635. O pedido foi atendido com a condição de que satisfizesse em cada ano a quinta parte do total. Em 1663, os herdeiros de Vermeulen apresentavam suas pretensões de ressarcimento à Coroa portuguesa. Em 1645, Chrispynsen devia 51060 florins à WIC; e em 1663, 48,8 mil florins.[36]

6) MUSSUREPE. Invocação São Gonçalo. Sito à margem esquerda do Capibaribe, na confluência do riacho Mussurepe. Engenho d'água, fundado pela Ordem Beneditina em 1610. Pagava de pensão dezesseis arrobas de açúcar branco encaixado e posto no Recife. Em 1569, João de Sabanda, e em 1570, Antônio Martins, alfaiate, ambos domiciliados em Olinda, receberam por concessão donatarial setecentas braças de terra em quadra na margem esquerda do Capibaribe. Em 1577, João Batista obteve uma légua de terra em quadra para fazer, no prazo de quatro anos, um engenho de açúcar à margem do Mussurepe, mas "não havendo água [suficiente] para o dito engenho, fará um trapiche". Devia pagar 4% de pensão, mas sendo trapiche, apenas 2%. João Batista também adquiriu a data de terra que fora atribuída a Antônio Martins. Em 1585, havendo falecido João Batista sem levantar a fábrica, Diogo Vaz, casado com sua viúva, Maria da Fonseca, houve as terras "por título de compra e arrematação", as quais arredondou com uma sorte devoluta localizada entre as suas e as da sesmaria de Gonçalo Mendes Leitão. Diogo Vaz parece ter sido o primeiro verdadeiro ocupante da área, pois

> lavrou e fez muitas benfeitorias e plantou canas e muitas frutas de espinho e fez uma casa de telha de duas águas na foz do rio de Mussurepe [...] com muito risco de sua pessoa e fazenda, por ser fronteira de pitiguares, donde a cada hora se encontrava com muitos rebates e sobressaltos em que tem recebido muitas perdas; e danos. E estando assim [...] começa[n]do a cortar madeiras com uns carpinteiros, se viu tão perseguido do gentio inimigo e de angolas levantados e pitiguares, que lhe foi necessário despovoar por ser a parte muito erma e fronteira, sem vizinhos mais de uma légua. E por ser desta maneira lhe têm feito e dado muitas perdas os negros de Guiné que por tantas vezes o cometeram até que

de assuada uma noite o cercaram [...] de que ele saiu frechado, e lhe levaram mais de 200 mil-réis de criações afora outros muitos assaltos [...] pelo que foi necessário sair-se das ditas terras.

Falecendo Diogo Vaz, Maria da Fonseca resolveu levar adiante o projeto de engenho, acolhendo na propriedade Domingos Ferreira e Maria Rabelo, "os quais puseram lá gente e gado e faziam suas roças". Em 1609, Maria da Fonseca vendeu a légua de terra aos frades de São Bento de Olinda por 2 mil cruzados, parte em dinheiro à vista, parte a crédito e parte a ser paga em legados de missas. No ano seguinte, os religiosos aumentaram o fundo territorial mediante a obtenção de uma sorte de légua e meia em quadra ao longo do Capibaribe. Em 1615, procederam a duas outras aquisições: trezentas braças a Jerônimo de Souto Maior, que recebeu em troca "uma junta de bois mansos e um novilho, que [d]o mais que podia valer a dita terra, fazia esmola dele ao convento"; e de 1350 braças a Maria e Madalena Furtado de Mendonça, parte nos limites de Maciape, outra parte além de Miritibe, já na capitania de Itamaracá, ao preço de 120 mil-réis, metade paga à vista e metade em missas pelas almas dos parentes. Em 1625, concedendo o governador Matias de Albuquerque a Baltazar Gonçalves uma data de terra situada entre os engenhos Mussurepe e Maciape, os frades contestaram a doação, mas a causa ficou suspensa com a ocupação holandesa, só sendo resolvida mediante acordo em 1688. Em 1627, os frades declaravam possuir

> um engenho de açúcar [...] muito ao sertão, oito ou nove léguas da costa e do porto, onde lhe custa cada caixa de açúcar de trazer ao Recife só de carreto três cruzados ao menos, e por esta razão não há lavrador que queira [...] tomar partido, e assim está mui arris-

cado a se desemparar porquanto eles, padres, não têm posses para beneficiar as canas e para menear o tal engenho, o que bem se vê pelo pouco açúcar que se faz que nunca chegou a fazer 3 mil arrobas, e às vezes 1,5 mil com tantas despesas que as safras não bastam para os gastos.

Matias de Albuquerque fixou a pensão de dezesseis arrobas de açúcar branco postas no Recife. Os frades também conseguiram a isenção por vinte anos do pagamento da dízima. O engenho foi atacado em 1635 mas a tropa holandesa "não encontrou ninguém". Com a ocupação holandesa, o engenho permaneceu na posse dos beneditinos, moendo em 1637 e 1639 com dois partidos lavradores que, com o partido da fazenda (cinquenta), perfaziam setenta tarefas (3,5 mil arrobas). Em 1639, devido às suspeitas de ajuda aos campanhistas luso-brasileiros, os frades receberam a ordem de partir para seu convento de Olinda, sendo finalmente isolados na ilha de Itamaracá. Os bens da Ordem beneditina foram destinados por Nassau ao sustento do clero católico secular. Mas frei Manuel Calado do Salvador registra que Gaspar Dias Ferreira, tendo sido encarregado da gestão de tais bens, não teria transferido um único ceitil aos beneficiários. Indo alguns sacerdotes cobrarem a côngrua, Gaspar lhes respondera que "aquela potava era para o Príncipe [isto é, Nassau] e que assaz mercê se lhe[s] fazia em os permitirem assistir na terra". O engenho moía em 1655.[37]

## Muribeca

1) PENANDUBA. Sem indicação de orago. Sito à margem esquerda do Penanduba. Engenho d'água. Pagava 3% de pensão. Em 1609, pertencia a André Soares. Moía em

1637 e 1639, dispondo de dois partidos de lavradores, no total de cinquenta tarefas (2,5 mil arrobas), sem partido da fazenda. Moía em 1655, pertencendo a Fernão Soares da Cunha.³⁸

2) MURIBECA. Invocação Nossa Senhora do Rosário. Sito à margem direita do Muribeca. Engenho d'água. Pagava 3% de pensão. Fundado por volta de 1885 por Fernão Soares, mercador em Olinda, o qual participara da conquista da Paraíba e fora juiz de órfãos da vila. É provável que, como no caso do engenho Suassuna, seu irmão Diogo Soares fosse cossenhor, uma vez que, residindo em Olinda, ocupava-se do aspecto comercial da parceria, exportando o açúcar do Muribeca e do Suassuna e sendo em 1600 consignatário do produto em Lisboa. Referido como "o engenho velho de Fernão Soares" para distingui-lo do "engenho novo", o Suassuna, que construíra posteriormente. Em 1609, é mencionado ainda sob o nome de Fernão Soares, que, contudo, falecera no ano anterior. O mesmo documento alude a terceiro engenho de Fernão Soares em Jaboatão como sendo um trapiche, talvez o Nossa Senhora dos Remédios. Diogo Soares da Cunha e Diogo de Albuquerque, filho e genro de Fernão, processaram o médico Manuel Nunes Leitão, acusando-o de haver matado Fernão "com os medicamentos [...] para efeito de se casar (como casou) com d. Catarina de Albuquerque, sua mulher, com quem lhe tinha cometido adultério". Ao que se saiba, o processo não produziu resultados. Em 1613, Manuel Nunes vendeu a Simão Carvalho uma data de terra na Mirueira, onde Fernão Soares possuía seus currais de gado. Tanto em 1609 quanto em 1623, Manuel Nunes aparece como proprietário de outro engenho na freguesia. Em 1623, o Muribeca produziu 3,2 mil arrobas. Viúva pela segunda vez, d. Catarina permaneceu sob o domínio batavo. Em 1637 e 1639 o engenho moía, com sete partidos de lavra-

dores, inclusive o partido dos "frades do Carmo" (quarenta), perfazendo 113 tarefas (5650 arrobas), sem partido da fazenda. Em 1644, d. Catarina propôs hipotecar o engenho à WIC para pagamento de 56 mil florins devidos a comerciantes particulares. Após seu falecimento, o engenho passou às mãos de sua filha do casamento com Manuel Nunes, Maria de Albuquerque. Em 1645, o senhorio era João Soares de Albuquerque, que chefiou a insurreição na freguesia, militando no decurso da guerra da restauração. Moía em 1655.[39]

3) SANTO ANDRÉ. Sito à margem esquerda do Jaboatão. Engenho d'água. Pagava 3% de pensão. Fundou-o Arnal de Holanda em sesmaria concedida pelo terceiro donatário, Jorge de Albuquerque Coelho, nos anos 1580. A viúva de Arnal, Brites Mendes de Vasconcelos, vendeu-o a Duarte de Sá da Maia, natural de Barcelos (Minho), filho do tabelião do público e judicial da vila. Em 1593, Duarte pertencia aos da governança da terra como vereador da Câmara de Olinda e ouvidor com alçada na capitania pelo governador dela. No engenho, ele instituiu o morgadio de Santo André para o filho, Antônio de Sá da Maia, que o possuiu desde 1612 e que, como o pai, foi vereador de Olinda. Em 1623, o engenho produzia 5,4 mil arrobas. Retirando-se o proprietário com a família para a Bahia em 1635, o Santo André foi confiscado e vendido em 1637 a Gaspar Dias Ferreira, mercador e testa de ferro do governador conde de Nassau, juntamente com o engenho São José, que também pertencera aos Sá da Maia, ambos por 77 mil florins, em prestações anuais de 6 mil florins. Moía em 1637 e em 1639, quando contava com cinco partidos de lavradores, no total de 120 tarefas (6 mil arrobas), sem partido da fazenda. Foi listado então como pertencente a Jacob Goes e ao capitão Jan Hick, mais provavelmente rendeiros ou sócios de Gaspar Dias Ferreira. Em 1655,

moente e corrente, ainda pertencia à mulher e filhos de Gaspar, que em 1644 acompanhara Nassau à Holanda. Ali, preso por alta traição, logrou fugir para Portugal, onde viria a falecer nos anos 1650. Em 1663, Hick alegava pretensões sobre o Santo André. Em 1645, Gaspar era devedor de uma parcela de 28270 florins à WIC e de outra parcela de 3850 florins, "conta a prazo"; e em 1663, de 62954 florins. Os herdeiros de Antônio de Sá da Maia foram reintegrados na posse do engenho por sentença judicial.[40]

4) SÃO JOSÉ. Também chamado engenho Novo, como o registra Golijath. Sito à margem direita do Jaboatão. Engenho de bois. Pagava de pensão 25 arrobas de açúcar branco. Fundado por Brites Mendes de Vasconcelos nas terras da sesmaria onde seu falecido marido, Arnal de Holanda, levantara o Santo André. Como este, vendido a Duarte de Sá da Maia. Em 1609, pertencia a seu filho, Antônio de Sá da Maia. Em 1623, estava arrendado a Diogo de Araújo de Azevedo, produzindo 6784 arrobas. Incendiado em 1633 pela tropa neerlandesa. Tendo o proprietário se retirado em 1635, foi confiscado e vendido, juntamente com o Santo André, a Gaspar Dias Ferreira. Não moeu até 1639, quando dispunha de cinco partidos de lavradores, no total de 135 tarefas (4725 arrobas), sem partido da fazenda. Moía em 1655, sob as ordens de d. Clara das Neves, mulher de Gaspar Dias Ferreira. Em 1651, d. João IV atendeu ao pedido de Gaspar para fazer vir cada ano "oitenta caixas de açúcar de sua lavra", em atenção aos serviços de d. Clara durante as batalhas dos Guararapes (1648 e 1649) quando "a muitos dos feridos [...] sangrou e furou por suas próprias mãos, com a ajuda de sua criadas, com grande caridade e dispêndio de fazenda". Após a restauração pernambucana, o São José estava na posse de um dos filhos de Gaspar, Francisco Dias Ferreira, que, processado

pelos herdeiros do antigo proprietário, entrou em acordo pelo qual lhes restituiu o engenho.[41]

5) SUPUPEMA. Invocação São Bento. Sito à margem direita do riacho homônimo. Engenho de bois. Pagava 1,5% de pensão. Fundado por André Gonçalves Pinto. Em 1593, pertencia a Agostinho de Holanda, alcaide-mor de Igaraçu e filho de Arnal de Holanda e de Brites Mendes de Vasconcelos. Em 1623, pertencia ao brabantino Pedro Lahoest, produzindo 1720 arrobas. Quando da ocupação holandesa, era seu dono Álvaro Barbalho Feio, que se retirou para a Bahia mas regressou a Pernambuco por volta de 1650. Confiscado e vendido em 1637 a Jacob Dassine, comerciante, por 24 mil florins, em quatro prestações. Em 1639, o engenho é mencionado como pertencendo também a Johan van Rhijenburch, provavelmente sócio de Dassine. Dispunha de dois partidos de lavradores, que forneciam 65 tarefas (2275 arrobas), sem partido da fazenda. Em 1644, Dassine, alegando os danos que sofrera dos campanhistas luso-brasileiros ("seus negros e bois foram tomados pelo inimigo e o engenho foi queimado"), solicitou permanecer na posse do Supupema "pelo menos no ano em curso, visto que ele preparou o mesmo completamente para moer, sem faltar nada". A versão foi confirmada pelas autoridades do distrito, inclusive seu vizinho João de Mendonça, que "propôs ficar de olho no engenho e adiantar os recursos para fazê-lo moer", contanto que se pudesse ressarcir com o açúcar produzido antes que fosse entregue à WIC. A solicitação de Dassine e a proposta de Mendonça foram aceitas pelo governo do Brasil holandês. À raiz da insurreição de 1645, Dassine foi preso e mandado para a Bahia. Em 1655, o Supupema estava a monte. Em 1645, Dassine devia à WIC o montante de 30312 florins; mas em 1663 foi contabilizado apenas pelo total da dívida incorrida na compra do engenho. Seus herdeiros reivindicaram ressarcimento à Coroa portuguesa.[42]

6) SÃO BARTOLOMEU. Sito à margem direita do Jaboatão. Engenho d'água. Pagava 2% de pensão. Levantado pelo ouvidor da capitania, Francisco do Amaral, pelos anos 1580. Em 1593, pertencia à viúva, Maria Lopes, talvez a Maria Ferrão que surge em 1609. Em 1623, era propriedade de Felipe Dias Vale, produzindo 4670 arrobas. Felipe faleceu sem descendência, deixando herdeiro seu irmão, David do Vale, domiciliado em Amsterdã. Em 1637 e 1639, o engenho moía, estando em nome de Fernão do Vale, parente do proprietário. Dispunha de seis partidos de lavradores, num total de 165 tarefas (8250 arrobas), sem partido da fazenda. Embora Fernão tivesse sido em 1645 um dos delatores da conspiração luso-brasileira às autoridades holandesas, permaneceu no engenho quando da insurreição, graças plausivelmente à proteção do genro, Fernão Soares da Cunha, que aderira ao movimento. Durante ataque holandês ao engenho, Fernão do Vale foi levado para o Recife, onde esteve encarcerado até 1647, quando retornou ao São Bartolomeu. Dali, estabeleceu com um irmão que permanecera na cidade e com terceiros um esquema de contrabando de açúcar. Em 1645, Fernão do Vale era devedor de 11634 florins à WIC; em 1663, de 5984 florins. O engenho moía em 1655. Na Holanda em 1663, os herdeiros de Simão do Vale Fonseca, irmão de Fernão do Vale, formularam suas pretensões de ressarcimento à Coroa portuguesa.[43]

7) GUARARAPES. Invocação São Simão. Sito à margem esquerda do rio Jaboatão e a poente dos montes Guararapes. Engenho de bois. Pagava pensão de 2%. Erguido no século XVI por João Pires, o Camboeiro, natural de Salavisa (bispado de Coimbra, Beira Litoral). Em 1609, pertencia a seu genro, Duarte de Sá da Maia, proprietário de dois outros engenhos. Herdou-o sua filha, Felipa de Sá, casada com o morgado João de Albuquerque, e depois o genro do casal, Francisco de Moura, que não

deve ser confundido com o dono homônimo do engenho Cocaú (Sirinhaém). Em 1623, estava arrendado a Manuel de Chaves e produzia 6638 arrobas. Felipa e o filho retiraram-se em 1635. Em 1637, o Guararapes dispunha de terras razoáveis mas a fábrica achava-se destruída, sem bois mas com 21 escravos entre adultos e crianças. Em 1637, confiscado e vendido a Moisés Navarro por 30 mil florins em prestações anuais de 3,3 mil florins; mas havendo o comerciante Vicente Rodrigues Vila Real oferecido melhor preço (42 mil florins, a serem pagos em prestações anuais de 4 mil florins), o Guararapes lhe foi finalmente atribuído. Não moeu em 1637 mas devia fazê-lo em 1639, com seis partidos de lavradores, sem partido da fazenda, no total de 95 tarefas (3325 arrobas). Em 1642, devido ao falecimento de Vicente Rodrigues, seus amigos solicitaram ao governo do Brasil holandês o adiamento da cobrança do débito pela aquisição do engenho, uma vez que "a viúva está cheia de dívidas". O Guararapes passou à administração de Simão Rodrigues Vila Real, irmão de Vicente, o qual foi advertido pela WIC em 1643 no sentido de não reembolsar os credores particulares sem cumprir previamente as obrigações com a WIC. Em 1645, Simão era devedor de 65 183 florins à WIC; e de outros 18 mil florins a título de "conta a prazo". Em 1655, o engenho moía, com o capitão Alexandre de Moura, filho de Francisco de Moura, já reintegrado na sua posse, ocasião em que doou a Francisco Barreto de Menezes, governador de Pernambuco, os oiteiros dos Guararapes a fim de erguer ali uma capela dedicada à Virgem dos Prazeres, em agradecimento pelas vitórias obtidas contra os holandeses em 1648 e 1649. Francisco Barreto redoou à Ordem beneditina a capela que fizera construir. Em 1663, Simão Rodrigues era debitado em 87 214 florins e seus herdeiros apresentavam suas pretensões de ressarcimento à Coroa portuguesa; e novamente em 1672, num total de 100 mil florins. Ao falecer sem descendência, Alexandre de Moura legou o Guararapes a seu primo, José de Sá e Albuquerque, senhor dos vizinhos engenhos Santo André e São José.[44]

8) ALGIBEIRA. Sem indicação de orago. Sito à margem direita do Jaboatão. Engenho de bois. Pode tratar-se do engenho de Luís Dias Barroso, que em 1623 produzia 3409 arrobas. Pertencia em 1637 a Manuel Bezerra, que permaneceu sob o domínio holandês. Moía em 1637 e 1639, com três partidos de lavradores, todos eles mulheres, num total de 130 tarefas (45502), sem partido da fazenda. Ainda moía em 1655. Em 1663, Manuel Bezerra era devedor de 648 florins à WIC.[45]

9) MEGAÍPE. Invocação São Felipe e Santiago. Sito à margem direita do Jaboatão. Engenho de bois. Pagava 1,5% de pensão. Em 1623, pertencia a Luís Marreiros, natural de Tomar (Beira Litoral) e que em 1592 servia em Lisboa ao terceiro donatário Jorge de Albuquerque Coelho, sendo recompensado com o cargo de tabelião do público e judicial de Olinda. Em 1623, o engenho produzia 3453 arrobas. O proprietário retirou-se em 1635. Confiscado, estava "muito arruinado e não mói". Vendido em 1637 a Simão Ferreira Jácome por 24 mil florins, em três prestações anuais. Em 1639, pertencia a Diogo de Araújo de Azevedo. Moía a cana de cinco partidos de lavradores, que, com as do partido da fazenda (vinte), totalizavam 72 tarefas (2520 arrobas). Após a insurreição de 1645, Luís Marreiros ou mais provavelmente seu filho homônimo retomou a posse do engenho, que safrejava em 1655. Em 1645 e 1663, Simão Ferreira Jácome era devedor de 21 mil florins à WIC. Em 1665, o engenho pertencia a Isabel Marreiros, viúva de Luís Marreiros.[46]

10) MANGARÉ. Sem indicação de orago. Sito à margem esquerda do Muribeca. Engenho de bois. Pagava de pensão

quarenta arrobas de açúcar quarteado. Construído antes de 1609 em terras do engenho São João Batista por Fernão Rodrigues Vassalo, nomeado em 1596 escrivão da ouvidoria geral do Brasil. O fundador vendeu-o em 1616 a Felipe Diniz da Paz, que o senhoreava em 1623, produzindo 7610 arrobas. Felipe Dias arredondou o fundo territorial mediante compra de terras e em 1634 transferiu o engenho a seu irmão Henrique de Carvalho. Em 1639, estando "de todo arruinado [...] foi confiscado e ainda não vendido". Em 1655, continuava no mesmo estado.[47]

## Jaboatão

1) GURJAÚ. Sem indicação de orago. Sito à margem esquerda do riacho homônimo. Engenho d'água. Pagava 4% de pensão. Em 1636, seu proprietário era André Soares, que permaneceu sob o domínio holandês. Moía em 1637 e 1639, dispondo de seis partidos de lavradores, no total de 94 tarefas (4,7 mil arrobas), sem partido da fazenda. Em 1645 e 1663, André era devedor de 22 562 florins à WIC. Moía em 1655, sendo Fernão Soares da Cunha seu proprietário. Em 1645, Fernão devia 2073 florins à WIC.[48]

2) ANTÔNIO NUNES XIMENES, ENGENHO DE. Invocação Santo Agostinho. Sito à margem esquerda do Gurjaú. Engenho d'água. Pagava 3% de pensão. Em 1609, pertencia a João Nunes de Matos, comerciante em Olinda; e em 1623 a Antônio Nunes Ximenes, fabricando 5,9 mil arrobas. O proprietário permaneceu sob o domínio holandês. Em 1636, possuía "cerca de meia milha de terra, sendo parte da cana plantada nas várzeas, outra parte nos montes [...] tem um bom açude". Moía em 1637 e 1639, com quatro partidos de lavradores que, somados ao partido da fazenda (vinte), forneciam 88 tarefas (4,4

mil arrobas). Em 1645, Antônio Nunes Ximenes aderiu à insurreição. Moía em 1655.⁴⁹

3) NOSSA SENHORA DA APRESENTAÇÃO. Sito à margem esquerda do Jaboatão. Engenho d'água. Pagava 3% de pensão. Em 1593, pertencia a Duarte Dias Henriques, comerciante em Olinda e membro de família cristã-nova com ramificações comerciais na Península ibérica e no ultramar português. Arrendatário do contrato de Angola, 1607-14. Estabelecido na capitania anteriormente a 1591, regressou à metrópole, fazendo parte do grupo de banqueiros portugueses da Coroa espanhola. Em 1617, o engenho estava sob as ordens de Baltazar Gonçalves Moreno, provavelmente sócio, rendeiro ou administrador, por cujo motivo a propriedade ficou conhecida desde então por engenho do Moreno. Em 1623, produzia 7060 arrobas. Após a ocupação holandesa, Baltazar continuou à frente do engenho, que estaria moente em 1637 mas não safrejaria em 1639. A monte em 1655, quando em Portugal Francisco Lopes Henriques o reivindicou em nome da mulher, prima dos herdeiros já falecidos de Duarte Dias Henriques. D. João IV deferiu o requerimento, mas a devolução foi suspensa. O conde de Penaguião, camareiro-mor d'El Rei, também tinha pretensões sobre o engenho, por motivos que não estão claros. Após seu regresso a Portugal, Francisco Barreto de Menezes, que comandara o exército luso-brasileiro na guerra de restauração e depois fora governador-geral na Bahia, casou-se com uma filha de Penaguião. Havendo Barreto falecido em 1688, o engenho surge no ano seguinte como pertencente à sua sogra. Contudo, não é convincente a hipótese sugerida por Joaquim de Sousa-Leão segundo a qual Moreno teria ido às mãos da condessa por havê-lo herdado do genro, que o teria adquirido durante seu governo da capitania: nem a lista de proprietários de 1655 nem o testamento do mesmo

Barreto registram tal fato. A informação que ele enviou a El Rei em 1654 sobre os raros engenhos devolutos não inclui o Moreno. Plausivelmente Duarte Dias teve negócios com a Casa de Penaguião. Outra pista: a filha de Penaguião que casou com Francisco Barreto consorciara-se em primeiras núpcias com Antônio de Castro, filho do conde de Basto e cunhado do quarto donatário de Pernambuco, Duarte de Albuquerque Coelho. Em decorrência de parceria de Antônio de Castro com Duarte Dias, o engenho poderia haver passado à sua viúva e, falecida esta, sem filhos, à sua mãe, condessa de Penaguião. Por fim, hipótese mais provável, Moreno teria sido doado por d. João IV ao conde de Penaguião, uma vez que à raiz da restauração de Portugal em 1640, a Coroa confiscou os bens dos vassalos que haviam permanecido na Espanha (o caso precisamente dos herdeiros de Duarte Dias), entregando-os a terceiros em pagamento de dívidas, sobretudo se, como aventado, Duarte Dias tivesse tido negócios com a Casa de Penaguião. Em 1645, Baltazar Gonçalves Moreno era devedor de 17 492 florins à WIC; e em 1663, de 45 504 florins.[50]

4) NOSSA SENHORA DA CONCEIÇÃO. Também chamado engenho de Jaboatão. Sito à margem esquerda do rio homônimo. Engenho d'água. Pagava 3% de pensão. Fundado nos anos 1580, quando era senhoriado por Belquior Luís, filho de um sombrereiro de Lisboa e juiz da confraria de Nossa Senhora dos Solteiros, de Olinda. Belquior era já falecido em 1593. Em 1600, o engenho pertencia a Margarida Lemos, provavelmente sua viúva. Pode tratar-se do engenho que em 1623 é listado como pertencendo a Salvador Soares e que produzia 4 mil arrobas. Quando da invasão holandesa, era seu proprietário Antônio Pereira Barbosa, que se retirou da capitania. Posto a operar para a WIC sob as ordens de um lavrador do engenho, estimaram-se em 2002 florins as despesas para

repô-lo a moer, prevendo-se que no decurso da safra de 1637-8 seriam produzidas quinhentas arrobas de açúcar, das quais o engenho receberia trezentas arrobas (cem arrobas de açúcar branco e duzentas arrobas de mascavado); e os lavradores, as restantes duzentas arrobas. Em 1637, o engenho foi vendido a Servaes Carpentier, médico e alto funcionário do Brasil holandês, por 37,5 mil florins, em seis prestações anuais. Moía em 1637 e 1639, com partidos de dois lavradores e dois partidos da fazenda (cinquenta), no total de 95 tarefas (4,75 mil arrobas). Moía em 1655.[51]

5) ANTÔNIO BULHÕES, ENGENHO DE. Invocação São João Batista. Sito à margem esquerda do Jaboatão. Engenho d'água. Pagava 3% de pensão. Já safrejava em 1575, tendo sido fundado por Gaspar Alves de Puga em terras da sua sesmaria. Em 1584, vendeu-o a Pero Dias da Fonseca, que em 1593 o revendeu a Bento Luís de Figueiroa, que o deu em dote à filha Maria de Figueiroa, casada com Antônio de Bulhões, natural de Viseu (Beira Litoral), o qual chegara a Pernambuco em começos do século XVII, na companhia do irmão, Gabriel de Bulhões, que, fâmulo do bispo capelão-mor d. Jorge de Ataíde, obtivera o ofício de feitor e almoxarife da Fazenda Real na capitania. Em 1623, o engenho estava arrendado a Gregório de Barros Pereira e produzia 10 521 arrobas. Em 1635, Antônio de Bulhões, refugiado no Arraial do Bom Jesus, teve de pagar resgate de 2 mil cruzados, permanecendo sob a ocupação holandesa. Moía em 1637, altura em que o engenho foi incendiado por campanhistas, com a perda de 24 bois de carro. Moía em 1639, com nove partidos de lavradores que, com o partido da fazenda (catorze), forneciam 103 tarefas (5,15 mil arrobas). Preso em 1645 pelas autoridades holandesas, Bulhões aderiu depois à insurreição. Moía em 1655.[52]

6) SUASSUNA. Invocação Nossa Senhora da Assunção. Sito à margem do riacho homônimo. Engenho d'água. Fundado pelos irmãos Fernão e Diogo Soares, mercadores em Olinda, em terras da sesmaria de Gaspar Alves de Puga. Inicialmente (1573), o partido de Fernão Soares deveria moer suas canas na fábrica de Gaspar, no montante de trinta tarefas anuais. A demarcação, contudo, só se verificou em 1584, altura em que Fernão Soares adquirira outras terras na mesma sesmaria. O Suassuna começou a moer em 1587. Em 1593 era mencionado como o "engenho novo" de Fernão Soares, para distingui-lo do "engenho velho" do mesmo proprietário. Em 1609, pertencia a Diogo Soares da Cunha, filho de Fernão. Em 1623, produzia 7223 arrobas. Quando da ocupação holandesa, pertencia a João de Barros Correia, natural de Vila Real (Trás-os-Montes), que permaneceu à frente do Suassuna, moendo em 1637 e 1639, com cinco partidos de lavradores que, somados ao da fazenda (trinta), perfaziam 103 tarefas (5150 arrobas). Em 1638, João de Barros Correia concedia um partido de canas de quarenta tarefas ao lavrador Jorge Saraiva pelo prazo de nove anos. Moía em 1655. Em 1656, Antônio de Sousa Ferreira contratava o fornecimento de cana do seu partido livre a João de Barros Correia. Este, em 1645 e 1663, era devedor de 879 florins à WIC.[53]

7) SANTANA. Sito à margem esquerda do Jaboatão. Engenho d'água. Pagava 3% de pensão. Fundado em terras adquiridas por Simão Falcão de Sousa a Gaspar Prestes em 1576, o qual, por sua vez, as comprara de Gabriel de Amil, que em 1582 surge como escrivão das datas das terras e sesmarias, demarcações e águas da capitania de Pernambuco. Em 1581, o Santana já safrejava. Não foi possível identificá-lo nas relações de 1609 e 1623. Quando da ocupação holandesa, pertencia a Manuel de Sousa Abreu, que militou na guerra de resistência com patente

de capitão, retirando-se com o exército. Confiscado, em 1637, estava "muito arruinado". Vendido (11.v.1638) a Jacob Stachouwer e Nicolaas de Ridder por 30 mil florins, em cinco prestações anuais. Em 1641, David Otaenborn recebera de Stachouwer, que se encontrava na Holanda, a tarefa de pôr o engenho a safrejar, mas parte dos escravos havia fugido para a Bahia. João Fernandes Vieira o adquiriu e restaurou; e em 1642 "poderia moer, no mínimo 4 mil arrobas de açúcar, sendo que só produziria açúcar fino". A monte em 1655.[54]

8) NOSSA SENHORA DA GUIA. Designado no mapa de Golijath por engenho Camaçari de São Cosmo, para distingui-lo do homônimo existente na vizinhança. Sito à margem esquerda de afluente do Jaboatão. Pagava 3% de pensão. Fundado por Cosmo Roiz nos anos 1680, sendo mencionado em 1593. Em 1609, era provavelmente o engenho listado sob o nome de Luís Valença. Em 1637, "há muitos anos que não é engenho e não tem senão as terras e matas".[55]

9) CAMAÇARI. Sem indicação de orago. Sito à margem esquerda do Jaboatão. Engenho d'água. Pagava 3% de pensão. Em 1593, a meias com sócio não designado, pertencia a Manuel da Costa Calheiros, natural de Ponte da Barca (Minho), filho do tabelião do público e judicial dos Arcos de Valdevez (Minho) e irmão e sobrinho de outros notáveis do lugar. Participou da conquista do Rio Grande do Norte. Em 1612, Manuel era vereador da Câmara de Olinda e em 1616, membro da Mesa da Misericórdia da mesma vila. Em 1637, há referência ao "velho e arruinado engenho de Manuel Fernandes Cruz, chamado Camaçari", o qual estava "arruinado há longos anos". Em 1638, o governo do Recife decidiu leiloá-lo. Duarte Saraiva o adquiriu e em breve estava, ao que parece, reconstruído, sem contudo moer. Em 1655, es-

tava a monte. Em 1645, Duarte era devedor de 112127 florins à WIC; em 1663, de 89990 florins.[56]

## Cabo

1) SANTA LUZIA. Schott designa-o por São José. Sito na margem esquerda do Ipojuca. Engenho de bois. Pagava 1,5% de pensão. Em 1623, pertencia a Julião Pais d'Altro e produzia 3410 arrobas. Quando da ocupação holandesa, Julião Pais retirou-se, falecendo pouco depois na Bahia. Em 1636, tinha "apenas" uma moenda; a casa de purgar e a casa das caldeiras têm paredes de taipa e o telhado é muito velho; tem cerca de meia milha de terra, consistindo na maior parte de montes, nos quais está a maior parte dos canaviais; pode anualmente produzir mil a 1,5 mil arrobas de açúcar. "Na casa das caldeiras foram encontradas duas caldeiras grandes e três tachos, um velho negro com uma negra". Confiscado e revendido ao filho do antigo dono, João Pais Cabral, que retornara a Pernambuco depois de haver se retirado na companhia do tio Cristóvão Pais d'Altro. Moía em 1637 e 1639 com dois partidos de lavradores, no total de quarenta tarefas (1,4 mil arrobas), sem partido da fazenda. Em 1642, instado a satisfazer sua dívida à WIC, João Pais Cabral respondeu que "nesta safra nada podia pagar pois que lhe tinham morrido negros avaliados em mais de 18 mil florins, pelo que ele não podia moer. Prometeu, depois de ser exortado, cumprir o seu compromisso". João Pais Cabral aderiu à insurreição de 1645, perecendo na batalha das Tabocas. Em 1645 e 1663, era devedor de 6864 florins à WIC.[57]

2) UTINGA. Invocação São Francisco. Sito à margem do riacho homônimo. Engenho d'água. Pagava 3,5% de pensão. Fundado por Felipe Cavalcanti, natural de Florença

(Itália), filho dos da governança daquela cidade. Felipe, que aportara à capitania por volta de 1553, casando-se com uma das filhas de Jerônimo de Albuquerque, foi capitão-mor de Pernambuco, residindo em Olinda em 1593 e possuindo engenho na capitania de Itamaracá. O Utinga foi vendido por seus herdeiros a João Pais Barreto, o Velho, da pequena nobreza de Viana, o qual chegara a Pernambuco por volta de 1557. No seu codicilo de 1617, João Pais legou Utinga a seu filho Antônio Pais Barreto. "Tem um açude difícil; a terra que lhe pertence é calculada em uma milha e tem muitas matas e poucas várzeas; pode anualmente moer 2 mil a 3 mil arrobas de açúcar [...]. Na casa das caldeiras foram encontradas três caldeiras, três tachos, três negras velhas com uma criança." Confiscado, não pôde ser vendido nos anos seguintes, "por estar muito arruinado e sem canas". Em 1642, o capitão de cavalaria Gaspar van der Ley adquiriu à WIC "os engenhos Utinga de Cima e Utinga de Baixo por 20 mil florins, além de quarenta escravos, cujo preço total seria acrescentado ao do engenho, a serem pagos em prestações de 8 mil florins por ano a partir de janeiro de 1645". Dias depois, Van der Ley pleiteava desconto, alegando haver comprado a propriedade "na esperança de que encontraria ainda um bom engenho e bons canaviais", constatando depois que "as terras de ambos os engenhos são matas e não terreno cultivado, e tem apenas uma velha casa de purgar". Além do mais, "o preço dos negros foi excessivamente alto e aumenta enormemente sua dívida [pois] tanto o engenho quanto os negros lhe foram vendidos pelo dobro do valor real". O governo do Brasil holandês concordou em abater pela metade o preço do engenho mas não o dos escravos; e Van der Ley hipotecou o Algodoais à WIC por 49 964 florins. Provavelmente, não teve tempo de reativar a fábrica, uma vez que, deflagrada em 1645 a insurreição luso-brasileira e a despeito da sua adesão ao movimento, foi preso e enviado a Salvador, onde viverá pelo resto da vida. Em 1655, o Utinga estava a monte. Em 1663, Van der Ley devia 49964 florins à WIC. Em 1665, o engenho pertencia a João Batista Acióli, que casara com a viúva de Gaspar, d. Maria de Melo.[58]

3) MARAPATAGIPE. Invocação São Marcos. Sito à margem esquerda do Pirapama. Engenho d'água. Pagava de pensão sessenta arrobas de açúcar branco encaixado e entregue no Recife. Em 1623, pertencia a Gaspar de Mere, produzindo 6,1 mil arrobas. Gaspar de Mere, natural de Antuérpia, estabelecera-se em 1587 em Lisboa. Já comerciava em Olinda em 1597, casando-se com uma cunhada de Thomas Babington, mercador inglês domiciliado na vila. Acusado de fraudar o fisco mediante exportações diretas para Antuérpia e outras praças europeias, foi preso em 1606 e levado a Lisboa, onde residiu de 1611 a 1615. De regresso a Pernambuco, fundou ou adquiriu o Marapatagipe, que, em 1636, possuía "meia milha de terra, na maior parte de montes e matas, sendo a cana plantada em alguns montes, e, além disto, nos vales [...] pode anualmente fornecer 2 mil arrobas a 3 mil arrobas de açúcar [...]. A casa de purgar, como também a de moenda, tem poucas coisas quebradas". Foram encontrados também "três negros e quatro negras muito idosos e incapazes. Na casa das caldeiras foram encontradas quatro caldeiras, cinco tachos e um parol". Confiscado e vendido (24.XI.1637) a Michiel van Merenbergh e Martinus de Coutre, por 20 mil florins, em cinco prestações anuais. Em 1637 não moía mas devia fazê--lo em 1639, com quatro partidos de lavradores, que, com o da fazenda (vinte), perfaziam 87 tarefas (4350 arrobas). Em 1642, a WIC cobrou a Martinus de Coutre as prestações vencidas da compra de seu engenho: "queixou-se dos quatro anos decorridos desde que o ocupa e de ter moído pouco e pede ainda algum adiantamento,

alegando o que obraram as tropas do inimigo; promete cumprir o seu compromisso ou então vender o seu engenho e pagar o que deve à Companhia; com uma ou outra solução, fará o seu dever para pagar à Companhia". Em 1643, o engenho foi hipotecado por 38 528 florins. Estava a monte em 1655. Em 1645 e 1663, Michiel van Merenbergh e Martin de Coutre deviam 38 528 florins à WIC. O engenho foi desenhado por Frans Post.⁵⁹

4) ANTÔNIO VIEIRA, ENGENHO DE. Também denominado Três Paus. Designado por Vieira no mapa de Markgraf. Sito à margem direita do Pirapama. Engenho de bois. Pagava 1,5% de pensão. Em 1623 pertencia a João Rodrigues Caminha, produzindo oitocentas arrobas. Em 1636, tinha "apenas uma moenda; a casa de purgar e a casa das caldeiras têm paredes de taipa e os telhados são velhos [...]. A terra a ele pertencente foi calculada em meia milha, sendo a maior parte montes e matas. Da cana que cresce numa parte desta terra pode este engenho anualmente fornecer 1,1 mil a 1,2 mil arrobas de açúcar". Confiscado e arrendado a Antônio Vieira de Melo, natural de Cantanhede (Beira Litoral), lavrador do vizinho engenho Velho (Cabo) e vereador de Olinda em 1630, o qual em 1638 adquiriu o Três Paus por 13,5 mil florins, em seis prestações. Moía em 1637 e 1639. Moía em 1655. Em 1663, Antônio Vieira era devedor de 7612 florins à WIC.⁶⁰

5) PIRAPAMA. Invocação Santa Apolônia. Sito à margem direita do rio homônimo. Engenho d'água. Pagava 3,5% de pensão. Fundado por volta de 1580 por Cristóvão Lins, que o vendeu em 1586 a João Pais Barreto, o Velho. Em 1623, pertencia a seu filho Estêvão Pais Barreto, produzindo 6460 arrobas. Quando da ocupação holandesa, pertencia ao filho de Estêvão, João Pais de Castro, que se retirou. "Tem uma milha de terra, cujas várzeas são plantadas com cana [...] tem um bom açude. Pode

anualmente fornecer 5 mil arrobas de açúcar". Confiscado e vendido a Diogo Dias Brandão em 1637 por 40 mil florins, a serem pagos em oito prestações anuais. Em 1638, Diogo o revendeu a Paulus Vermeulen. Moía em 1637 e 1639. Em 1645, Paulus Vermeulen devia 34650 florins à WIC. Moía em 1655. Em 1665, revertera ao segundo Estêvão Pais Barreto, 4º morgado do Cabo.[61]

6) NOVO, ENGENHO. Também denominado São Miguel. Sito à margem esquerda do Pirapama. Engenho d'água. Pagava 3,5% de pensão. Levantado por João Pais Barreto, o Velho, posteriormente a 1609. Em 1623, pertencia a seu filho, Cristóvão Pais Barreto, produzindo 6160 arrobas. Quando da ocupação holandesa, o proprietário retirou-se. Em 1636, tinha

> toda sua cana plantada em redor do engenho. A terra que lhe pertence foi calculada em meia milha; [...] tem um açude muito difícil, cortado do rio Pirapama, e que deve ser mantido com grande despesa. A casa de purgar tem paredes de taipa, como também a casa das caldeiras; a moenda e a casa do senhor de engenho têm um lado desmoronado. Para não perder o belo canavial que lhe pertence, foi este engenho com não pouco trabalho e com despesas razoáveis, todo recuperado [...] atualmente mói para a Companhia, podendo fornecer anualmente 5 mil a 6 mil arrobas de açúcar.

Confiscado e vendido a Duarte Saraiva em 1637 por 42 mil florins, em sete prestações anuais de 6 mil florins. Moía em 1637 e 1639, dispondo de três partidos de lavradores, no total de setenta tarefas (3,5 mil arrobas). Pode ser o "engenho do Funda", que moía em 1655.[62]

7) GARAPU. Invocação Espírito Santo. Sito à margem direita do Pirapama. Engenho d'água. Pagava 3,5% de pen-

são. Fundado antes de 1609 por João Pais Barreto, o Velho, que o deixou a seu filho Felipe Pais Barreto. Em 1623, produzia 5140 arrobas. Em 1636, tinha "cerca de uma milha de terra, e nela umas belas várzeas bem plantadas; [...] pode anualmente fazer 5 mil a 6 mil arrobas de açúcar [...]. A casa de purgar e a casa das caldeiras são de alvenaria, mas dentro estava tudo quebrado e os lugares onde estiveram assentadas as caldeiras estavam vazios". Felipe Pais retirou-se em 1635 mas em 1637, à raiz da capitulação de Porto Calvo, foi preso pelo inimigo. Regressou a Pernambuco, readquirindo o engenho entrementes confiscado. Moía em 1637 e 1639, dispondo de seis partidos de lavradores, no total de 96 tarefas (4,8 mil arrobas), sem partido da fazenda. Em 1638, Felipe esteve preso, acusado de conspiração contra o domínio holandês. Em 1642, a WIC cobrou-lhe a dívida: "queixou-se das grandes chuvas caídas nos meses de inverno e da mortalidade dos negros, mas que apesar disto prometia entregar nesta safra trinta caixas". Em 1645, às vésperas da insurreição luso-brasileira, Felipe propôs ao governo do Recife que seus débitos com a compra do Garapu e do Nossa Senhora da Guia fossem cancelados em troca da sua desistência a receber os engenho Santo André e Novo (Muribeca), que, ao retirar-se para a Bahia em 1635, seu sogro Antônio de Sá da Maia havia legado à filha Brites de Albuquerque, esposa de Felipe. Seu pedido foi rejeitado, oferecendo-se apenas o reescalonamento da dívida. Felipe aderiu à insurreição pouco tempo depois. O Garapu moía em 1655. Em 1645 e 1663, Felipe devia 36,3 mil florins à WIC. Em 1665, o Garapu pertencia à sua viúva, d. Brites.[63]

8) ALGODOAIS. Invocação São Francisco. Sito à margem direita do Pirapama. Engenho d'água, fundado no século XVI por João Pais Barreto, o Velho. O Algodoais pagava 3,5% de pensão. Em 1623, pertencia a um dos

filhos de João Pais, Miguel Pais Barreto, produzindo 4267 arrobas. Ocupado em 1635 pela tropa holandesa durante o sítio do Cabo. Em 1636, tinha "cerca de meia milha de terra, com poucas várzeas e canaviais [...] pode anualmente fazer 1,5 mil a 1,6 mil arrobas de açúcar [...]. A casa de purgar e a casa das caldeiras são feitas de alvenaria, mas o telhado é muito velho e tudo dentro estava quebrado e as caldeiras foram retiradas". Ao emigrar em 1637, Miguel Pais foi preso na companhia do irmão Felipe Pais Barreto, regressando com ele a Pernambuco, onde encontrou o engenho "muito destruído", devido à ocupação pela tropa neerlandesa. Ademais, Gaspar van der Ley havia obtido a gestão do Algodoais em caráter provisório, altura em que os campanhistas luso-brasileiros abstiveram-se de depredar o engenho, em troca somente de "um bom cavalo". Não moeu em 1637; e em 1639, já na propriedade definitiva de Gaspar van der Ley, que se comprometera em 20 mil florins, por ele, achava-se "reparado e plantado", esperando-se que moesse no ano vindouro. Dispunha então de apenas dois partidos de lavradores, ambos holandeses, sem partido da fazenda. Em 1643, em conexão com a compra do engenho Utinga, Van der Ley hipotecou o Algodoais por 49964 florins. Em 1645, Van der Ley devia à WIC e a comerciantes particulares a soma de 130785 florins, a serem pagos em quatro anos, a contar de 1º de agosto. Segundo "A bolsa do Brasil", "o contratante é insolvável [...]. Os seus fiadores são uns pobres homens que nada têm; um deles é um padre chamado Belquior Garrido, que apenas possui dous ou três negros, e não ganha senão o que lhe produz a sua missa diária". Deflagrada a insurreição de 1645, Van der Ley foi desterrado para a Bahia, onde viveu pelo resto da vida. Em 1645, devia duas parcelas à WIC, de 44654 florins, e de 88814 florins a título de "conta de prazo". Em 1663, Gaspar respondia por 49964 florins. Moía em 1655. Em 1665, o engenho pertencia a João Batista Ació1i, que casara com a viúva de Gaspar, d. Maria de Melo.⁶⁴

9) JURISSACA. Invocação São João Batista. Sito na margem direita do Pirapama. Engenho d'água. Pagava 3,5% de pensão. Fundado por João Pais Barreto, o Velho, já safrejava em 1593. Posteriormente a 1609, foi dado em dote à sua filha, d. Catarina, casada com d. Luís de Sousa, filho de d. Francisco de Sousa, antigo governador-geral do Brasil; e primo homônimo do futuro governador-geral. Em 1623, produzia 6917 arrobas. Quando da invasão holandesa, d. Luís era já falecido e sua viúva retirou-se. Em 1636, tinha "cerca de uma milha de terra, com belas várzeas, bem plantadas com canaviais [...] e pode produzir 5 mil a 6 mil arrobas de açúcar [...]. As paredes da casa de purgar e da casa das caldeiras são de alvenaria, ainda com bons telhados, mas dentro foram apenas encontradas algumas jarras quebradas e os lugares onde estavam assentadas as caldeiras". Confiscado e vendido em 1637 ao negociante Moisés Navarro por 45 mil florins em prestações de 5 mil florins. Moeu em 1637 e 1639, com oito partidos de lavradores, no total de 118 tarefas (5,9 mil arrobas), sem partido da fazenda. Moía em 1655, quando o filho de d. Luís e de d. Catarina, d. João de Sousa, oficial do exército restaurador, reintegrou-se na posse do engenho. Para reconstruí-lo, ele obteve da Coroa em 1667 a liberdade de dez anos. Em 1645, Moisés Navarro é debitado por 15 mil florins à WIC, "conta a prazo"; em 1663, pelo preço total do engenho.⁶⁵

10) NOSSA SENHORA DA CONCEIÇÃO. Também chamado Trapiche. Sito à margem esquerda do Pirapama. Engenho de bois. Pagava 1,5% de pensão. Em 1593, há referência ao engenho de Ana de Holanda, viúva de João Gomes de Melo; em 1609, ao engenho "de Ana de Holanda, o novo" e ao "engenho de Ana de Holanda, o ve-

lho", que era o Nossa Senhora da Conceição. Em 1623, produzia 4840 arrobas, pertencendo a seu filho Manuel Gomes de Melo; e, em 1635, à viúva deste, Adriana de Almeida Lins, que se retirou, abandonando trinta caixas de açúcar na casa de purgar e mandando esconder outras 58 no mato. Em 1636, tinha "um lindo açude mas difícil de manter; pode anualmente fazer 4 mil a 5 mil arrobas de açúcar. A casa de purgar tem paredes de taipa e o telhado é muito velho, como também a casa das caldeiras [...]. O canavial está em redor do engenho e o restante da terra que lhe pertence consiste de matas e não serve para plantação de cana". No caminho do exílio, d. Adriana desvencilhou-se do grupo de retirados, obtendo do almirante Lichthart na Barra Grande o passaporte para permanecer na posse dos seus bens sob o domínio holandês. Neste ínterim, eles haviam sido confiscados, "visto que d. Adriana já havia abandonado estes bens havia muito tempo, e além disto tinha se comportado de maneira hostil". O governo do Recife debateu então a questão de "se os bens [...] acima das cinquenta caixas de açúcar pertencem à senhora ou à Companhia. Foi decidido que a Companhia tem direito de ficar com eles". Em 1636, d. Adriana achava-se de novo na posse do engenho, graças talvez à intervenção do genro, o capitão de cavalaria Gaspar van der Ley; e o repusera a moer. Safrejava em 1637 e 1639. Moente em 1655, quando pertencia a João Gomes de Melo, filho de Manuel Gomes de Melo e de d. Adriana, o qual aderiu à insurreição de 1645. Neste ano e em 1663, ele era devedor de 4,6 mil florins à WIC.[66]

11) VELHO, ENGENHO. Invocação Madre de Deus. Sito à margem esquerda do Pirapama. Engenho d'água. Pagava 3,5% de pensão. Era o mais antigo engenho do Cabo e o primeiro dos que João Pais Barreto, o Velho, fundou. Em 1580, ele instituiu no engenho o morgadio da

Madre de Deus. Em 1593, já se lhe referia como engenho Velho para distingui-lo do Novo (Cabo). Em 1609, ainda em vida de João Pais, já pertencia a seu filho, o primeiro morgado do Cabo, João Pais Barreto, o Moço, produzindo 9760 arrobas. O morgado, que antes da invasão holandesa fora lugar-tenente interino do donatário da capitania, participou da guerra de resistência como oficial de cavalaria. Em 1635, retirou-se levando "350 escravos". Segundo a tradição, teria sido capitão da guarda de Felipe IV em Madri e servido em Flandres; de concreto sabe-se que se achava na Bahia em 1640. O engenho foi confiscado. Tinha

> sua casa de purgar com paredes de alvenaria e o telhado é pela metade novo, mas o resto está arruinado. [...]. A casa das caldeiras também tem paredes de alvenaria, mas o telhado está parcialmente destruído; a custo razoável poderá ser consertado, como também a moenda [...]. A casa na qual morava o senhor do engenho está em muitos lugares desmoronada e não poderá ser recuperada e reconstruída senão com grande despesa [...] o açude rompeu e secou, o que se pode consertar com custo razoável [...]. Este engenho mói anualmente 10 mil a 11 mil arrobas de açúcar; tem uma milha de terra, em cujas várzeas é plantada a cana [...]. As caldeiras [...] foram encontradas jogadas no mato [...]. Um lindo partido, pertencente ao senhor do engenho [...], fornece anualmente oitenta tarefas.

Dispunha então de pelo menos cinco partidos de lavradores, além do partido da fazenda. Em 1635, adjudicado pelo governo do Brasil holandês ao coronel Sigismund von Schkoppe, de parceria com o fiscal Nicolaas de Ridder. Não sendo possível safrejar em 1635--6, devido a que "a água dos açudes tinha secado", sua cana foi moída no vizinho engenho da Guerra (Cabo), que também pertencera ao morgado, o qual, tendo moenda de bois, poderia ser colocado rapidamente em funcionamento, enquanto preparava-se o engenho Velho para a safra de 1636-7. O governo do Recife concedeu a Schkoppe e De Ridder a preferência na venda de ambos os engenhos, além da facilidade de dispor dos escravos e bois encontrados neles. De Ridder solicitou demissão do seu cargo para entregar-se à gestão dos engenhos, o que, contudo, lhe foi recusado até que se encontrasse substituto para sua função. Em 1636, o engenho foi atacado por campanhistas luso-brasileiros que trucidaram a guarnição holandesa. Em 1637, Schkoppe e De Ridder adquiriram finalmente os engenhos Velho e da Guerra por 70 mil florins, em sete prestações anuais de 10 mil florins. Moía em 1637 e 1639, dispondo de oito partidos de lavradores no total de 120 tarefas (6 mil arrobas), sem partido da fazenda. Nem Schkoppe nem De Ridder administraram os engenhos, pois em breve partiram para a Holanda. Em 1641, o engenho Velho era gerido por um dos lavradores, Albert Gerritsz Wedda. Em 1645, como representantes de Schkoppe, ainda ausente, Jacob Coet e Jacob Hick haviam se comprometido junto à WIC a pagar 36 caixas de açúcar para amortização da dívida, "mas devido aos grandes consertos feitos no engenho, não poderão satisfazer a Companhia neste ano". O engenho Velho safrejava em 1655. Em 1645, Schkoppe e Ridder eram devedores de 33 283 florins à WIC; e em 1663, de 35 211 florins. Em 1645, Ridder sozinho era devedor de 8907 florins à WIC. Em 1663, Schkoppe apresentou à Coroa portuguesa suas pretensões de ressarcimento. Em 1665, o engenho pertencia a João Pais de Castro, sobrinho do primeiro morgado do Cabo, que falecera sem descendência.[67]

12) GUERRA, ENGENHO DA. Invocação Santo Antônio. Sito à margem esquerda do Gurjaú. Engenho de bois de

duas moendas. Pagava pensão de trinta arrobas de açúcar branco encaixado e posto no passo. Fundado por João Pais Barreto, o Velho, que ainda o possuía em 1609. Em 1623, tendo passado às mãos do filho homônimo, o primeiro morgado do Cabo, produzia 5465 arrobas. Com a ocupação holandesa e na ausência do dono, foi arrendado pela WIC ao coronel Von Schkoppe e a Nicolaas de Ridder, que também haviam arrendado o outro engenho do morgado, o engenho Velho (Cabo) que lhe ficava vizinho. Anualmente produzia 6 mil arrobas a 8 mil arrobas de açúcar. Em 1636, "as canas crescem nos vales em redor do engenho, tendo a terra destinada para isto a extensão de uma milha; a casa de purgar tem paredes de taipa, como também um lado da casa das caldeiras [...]. Aqui não havia casa de morada para o senhor de engenho", uma vez que ele residia no engenho Velho. "Na casa das caldeiras foram encontradas cinco caldeiras grandes, quatro tachos, um parol, uma bacia, três tachos; na casa de purgar, cinco escumadeiras, quatro pombas e mais algumas outras ferramentas de cobre e de ferro quebradas." Schkoppe e outras autoridades do governo holandês foram então acusados na Holanda de controlarem sete ou oito engenhos, que "puseram para operar com escravos e trabalhadores da Companhia, sendo que os escravos foram em parte sustentados com víveres da Companhia". Interpelado a respeito, Hubrecht Brest, de volta do Brasil, confirmou a existência da prática. Schkoppe e De Ridder gozavam de preferência em caso da venda de ambos os engenhos, o que veio a ocorrer em 1637, sendo adquiridos por 70 mil florins em sete prestações anuais. Em 1638, Schkoppe vendeu o Guerra a Willem Doncker, coronel dos índios. Moía em 1637 e 1639. Em 1645, Doncker era devedor de 1653 florins à WIC. Moía em 1655. Em 1663, como escabino de Haia, Doncker apresentava suas pretensões a ressarcimento pela Coroa portuguesa, após ter apoiado, em sua qualidade oficial, a negociação do tratado de paz luso-neerlandês de 1661. Em 1665, o engenho pertencia a Fernão Soares da Cunha.[68]

13) BOM JESUS. Sito à margem esquerda do Gurjaú. Engenho d'água. Pagava 4% de pensão. Em 1593, pertencia a Cristóvão Vaz, natural do Porto e exportador do seu açúcar. Ele também possuiu o engenho São Cristóvão, que não foi possível identificar. Em 1623, pertencia a Pero Lopes de Vera, que fora contratador dos dízimos de Pernambuco, Itamaracá, Paraíba e Rio Grande do Norte. Produzia então 4490 arrobas. Em 1636, tinha "meia milha de terra cujas várzeas são plantadas com cana, sendo o restante de matas [...] pode anualmente fornecer 5 mil a 6 mil arrobas de açúcar". Pero Lopes permaneceu sob o domínio holandês. O engenho foi incendiado em 1636 pelos campanhistas luso-brasileiros, com "os açúcares que estavam feitos". Moía em 1637 e 1639. Moía em 1655, pertencendo a João de Vera, primeiro administrador do morgadio instituído por Pero Lopes. Em 1645 e 1663, Pero era devedor de 28 587 florins à WIC.[69]

14) SÃO JOÃO. Sito à margem direita do Gurjaú. Engenho d'água. Pagava 3% ou 4% de pensão. Em 1593, pertencia a Estêvão Alvo; em 1609, ao comerciante André do Couto, que em 1593-5 era mercador em Olinda, exportando açúcar para seu irmão Pero do Couto em Lisboa. André era então o terceiro maior exportador do produto. Sócio de Rodrigo e de Francisco de Andrade, família do Reino que "teve importante participação no comércio do eixo Lisboa-Antuérpia e no mundo português". Foi também administrador dos bens do convento franciscano de Olinda. Possuía trapiche na vizinhança do engenho. Faleceu posteriormente a 1617, sendo o engenho vendido a João Pais de Castro. Em 1623, o São João produzia 3340 arrobas. João Pais de Castro retirou-se

em 1635. "A casa de purgar e a casa das caldeiras são muito velhas e estão em muitos lugares desmoronadas e arruinadas [...] tem uma milha de terra, cujas várzeas são plantadas com cana, mas tudo muito abandonado; pode anualmente fazer 4 mil a 5 mil arrobas de açúcar." Confiscado e vendido em 1637 a Pero Lopes de Vera por 30 mil florins em cinco prestações anuais de 6 mil florins. Não moeria em 1637 mas devia fazê-lo em 1639. Moía em 1655.[70]

15) SÃO BRÁS. Sito à margem esquerda do Gurjaú. Engenho d'água. Pagava 3% de pensão. Em 1636, pertencia a Antônio da Silva, que permaneceu sob o domínio holandês. Tinha "cerca de uma milha de terra, na maior parte montes e poucas várzeas; pode anualmente produzir mil a 2 mil arrobas de açúcar". Moía em 1637 e 1639 com apenas um partido de lavrador, sem partido da fazenda. Durante a guerra da restauração, foi arrendado por 100 mil-réis por ano pelos funcionários da fazenda d'El Rei, mas desde 1652 já não houve quem se interessasse pelo engenho "por estar desfabricado", tendo "grandes dívidas porque há nesse Reino pessoas a quem se deve dinheiro considerável sobre ele". A monte ainda em 1672, foi então vendido em hasta pública por ordem da Coroa.[71]

16) NOSSA SENHORA DAS CANDEIAS. Referido como Cajabuçu no mapa de Golijath. Sito à margem esquerda do Pirapama. Engenho d'água. Pagava 3% de pensão. Tendo "cerca de uma milha de terra, da qual muita consiste de montes", em 1636 podia produzir anualmente entre mil arrobas e 2 mil arrobas. Pertencia então a Fernando Gomes, que surge em 1621 no Cabo como devedor a Fernão Pinto da quantia de 13 mil-réis. Fernando Gomes permaneceu sob o domínio holandês. Moía em 1637 e 1639. Não é mencionado em 1655. Em 1663, Fernando Gomes devia 8496 florins à WIC. Àquela altura, o enge-

nho pertencia a Francisco Dias Ferreira, filho de Gaspar Dias Ferreira.[72]

## Ipojuca

1) SIBIRÓ DE BAIXO. Invocação São Paulo. Sito à margem esquerda do Sibiró. Engenho d'água. Pode ser o engenho que em 1593 pertencia a Sebastião Coelho, o Boas Noites, que ainda o possuía em 1609. Pagava de pensão oitenta arrobas de açúcar branco encaixado e posto no porto do engenho. Tinha "cerca de duas milhas de terra, na qual está uma várzea razoável, mas a maior parte consiste de pastos [...] pode anualmente fornecer 3 mil a 4 mil arrobas de açúcar". Quando da ocupação holandesa, pertencia a Francisco Soares Canha, que permaneceu sob o domínio estrangeiro. Moía em 1637 e 1639, com seis partidos de lavradores que, com o partido da fazenda (vinte), perfaziam 95 tarefas (4750 arrobas). Em 1644, Francisco Soares Canha era falecido e sua viúva, Maria de Menaia, senhoriava o engenho. Em 1645 e 1663, Francisco Soares Canha era devedor de 35 363 florins à WIC. Moía em 1655.[73]

2) SIBIRÓ DE CIMA. Invocação Santa Cruz. Sito à margem esquerda do Sibiró. Engenho d'água. Pagava 3% de pensão. Em 1623, pertencia ao espanhol Manuel de Nobalhas y Urréia e produzia 7250 arrobas. Tinha "duas milhas de terra muito montuosa, mas bem plantada de canaviais [...] e tinha começado a construção de uma moenda de bois. Pode anualmente produzir 5 mil a 6 mil arrobas de açúcar". Quando da ocupação holandesa, foram encontrados apenas "três negros velhos e algumas vacas bravias e dois bois velhos", pois o proprietário retirara-se em 1637, ocasião em que se viu "tão apertado do inimigo que para livrar-se abandonou-lhe vinte

carros [de boi] e alguns cavalos que trazia carregados do mais precioso que tinha". Confiscado e vendido em 1637 por 40 mil florins, em prestações anuais de 5 mil florins, a João Carneiro de Mariz, rendeiro do engenho Nossa Senhora do Rosário (Ipojuca), que também adquiriu em 1637. Ele esteve preso em 1638, acusado de conspiração contra o domínio holandês. O engenho moía em 1637 e 1639. Em 1642, a WIC cobrou as prestações atrasadas, recebendo a promessa de entregar "metade do açúcar que produzir nesta safra". Em 1645, João Carneiro de Mariz aderiu ao movimento, depois de haver assinado representação ao bispo da Bahia solicitando sua interferência junto ao governador-geral Antônio Teles da Silva no sentido de negar auxílio militar à insurreição luso-brasileira. Em 1655, o Sibiró de Cima moía, tendo voltado ao patrimônio dos descendentes de Manuel de Nobalhas. Em 1663, João Carneiro de Mariz devia à WIC 84 572 florins.[74]

3) COCAÚ. Designado Santo Cosme por Markgraf. Sito à margem esquerda do Ipojuca. Engenho d'água. Pagava 3% de pensão. Em 1623, pertencia a Manuel Mesquita da Silva, produzindo 5907 arrobas. Em 1636, tinha "cerca de três quartos de uma milha de terra, com poucos montes, mas porque fica tão no interior das matas a terra é ruim; dos canaviais anualmente pode moer, com água, 2 mil a 3 mil arrobas de açúcar. A casa de purgar e casa das caldeiras têm paredes de alvenaria, mas totalmente desmoronadas e vazias". Em 1635, seu proprietário era Antônio Gonçalves da Paz, que se retirou. Confiscado, mas não revendido "por se achar tão arruinado que não tem forma de engenho". Ainda em 1655, estava "a monte e arruinado".[75]

4) MARANHÃO. Sem indicação de orago. Sito à margem esquerda do Ipojuca. Engenho d'água, moía em 1609,

pertencendo a Antônio Ribeiro de Lacerda. Pagava 2% de pensão. Em 1623, produzia 3655 arrobas. Em 1636, tinha "cerca de meia milha de terra de muitos montes e ruim [...] pode anualmente produzir 2 mil a 3 mil arrobas de açúcar [...]. A casa de purgar e a casa das caldeiras são de alvenaria". Quando da ocupação holandesa, pertencia à família do sevilhano João Tenório de Molina, que se fixara em Pernambuco em 1619. Tendo-se retirado, ele veio a regressar, readquirindo-o em 1637 por 12 mil florins em seis prestações anuais, preço módico em vista de sua alegação de que teria sido coagido a emigrar. João Tenório também comprou o engenho Bertioga, que igualmente lhe pertencera. Moía em 1637 e 1639. Moía em 1655.[76]

5) CAROAÇU. Invocação Três Reis Magos. Sito na margem direita do Ipojuca. Engenho d'água. Pagava 3% de pensão. Em 1623, produzia 5,1 mil arrobas, pertencendo a Manuel Vaz Viseu. Em 1636, o engenho tinha "cerca de meia milha de terra, de muitos montes e poucas várzeas. Pode anualmente fazer 2 mil a 3 mil arrobas de açúcar". Moía em 1637 e 1639. Moente em 1655. Em 1663, Manoel Vaz Viseu era devedor de 190 florins à WIC.[77]

6) BERTIOGA. Sem indicação de orago. Engenho d'água. Sito à margem direita do Ipojuca. Pagava 3% de pensão. Moía em 1609, pertencendo a Antônio Ribeiro de Lacerda. Em 1623, produzia 5997 arrobas. Em 1636, tinha "uma milha de terra com várzeas razoáveis e, além disto, matas [...] o açude está bem situado e nunca tem falta d'água". "A casa de purgar e a casa das caldeiras são de alvenaria, mas o telhado é muito velho." Antes da invasão holandesa, passara às mãos de uma sociedade de parentes, cada qual detentor de uma terça parte, o padre João Ramires Tenório, seu irmão Luís Lopes Tenório e

o sobrinho de ambos, João Tenório de Molina, os quais, procedentes de Sevilha, tinham chegado a Pernambuco em 1619 "por causa de umas heranças". João Ramires regressou à Espanha, mas Luís ficou na terra, retirando-se em 1635 para a Bahia, onde faleceu. Em 1636, o Bertioga podia produzir anualmente 3 mil arrobas a 4 mil arrobas de açúcar; mas estava

> sem meios e impossibilitado de moer, e por isto, para não deixar que os canaviais fossem destruídos totalmente e para ainda obter algum lucro para a Companhia, foi feito acordo com o principal lavrador, pelo qual ele, com seus negros e outros que pudesse arranjar para este serviço, se obrigava a fazer com que o engenho recomeçasse a moer, para o que lhe seriam reembolsadas todas as despesas, sendo-lhe além disto prometido um bom salário pela sua fiscalização, se ele desse fielmente conta do recado. Ele trabalhou tanto que já está pronta uma boa quantidade de fôrmas e diariamente são feitas outras.

João Tenório de Molina, que em 1635 acompanhara Luís Tenório à Bahia, regressou a Pernambuco, readquirindo o Bertioga e o Maranhão em 1637 por 21 mil florins. Em 1642, a WIC cobrou as prestações atrasadas a João Tenório, que pediu "paciência com ele, que na presente safra [...] perdera quarenta negros e no ano precedente todos os seus canaviais tinham sido queimados pelo inimigo, pelo que este ano não moerá e quando puder fazê-lo entregará metade da produção à Companhia". Em 1644, o açúcar do Bertioga e do Maranhão foi sequestrado pelas autoridades neerlandesas, que rejeitaram o pedido do proprietário para suspender a medida antes que a dívida tivesse sido paga. Em 1645, João Tenório negociou com a WIC a encampação do seu débito, inclusive com Gaspar Francisco da Costa, a ser pago nos três anos seguintes. Em 1645, João Tenório devia 29579 florins à WIC; e em 1663, 38604 florins. Moía em 1655.⁷⁸

7) NOSSA SENHORA DO ROSÁRIO. Schott, Markgraf e Golijath o designam por engenho de Nossa Senhora da Conceição. Sito à margem esquerda do Ipojuca. Engenho d'água. Pagava 3% de pensão. Em 1623, pertencia a Ana de Castro, produzindo 2520 arrobas. Ao tempo da ocupação holandesa, Schott dava-o como pertencente a d. Fernando de Queiroz Souto Maior, residente na Galiza. Na realidade, o engenho continuava a pertencer a Ana de Castro, que, tendo seguido para Viana nos anos 1620 para entrar em religião, casara-se com um fidalgo galego, irmão de Fernando de Queiroz, cunhado e procurador de d. Ana. Tinha "um bom açude e meia milha de terra com lindas várzeas, cheias de canas e matas, que fornecem toda a madeira de que se precisa. Pode anualmente moer 3 mil a 4 mil arrobas de açúcar". Em 1636, o engenho achava-se arrendado pelo prazo de nove anos a João Carneiro de Mariz, que permaneceu sob o domínio holandês. Estando a fábrica pronta para safrejar, o governo do Recife deixou-o à frente da propriedade como rendeiro da WIC. Em 1637, ele adquiriu o engenho por 40 mil florins, em prestações anuais de 5 mil florins. Moía em 1637 e 1639. O engenho não é mencionado em 1655. Em 1663, João Carneiro de Mariz era devedor à WIC de 84572 florins.⁷⁹

8) BOM JESUS. Markgraf e Golijath o denominam Trapiche. Sito à margem esquerda do Ipojuca. Engenho d'água e de bois. Pagava de pensão trinta arrobas de açúcar encaixado. Em 1623, pertencia a Antônio Ribeiro de Lacerda, produzindo 11074 arrobas. Antônio Ribeiro morreu no sítio do Recife (1631) e o Bom Jesus passou a d. Isabel de Moura, sua viúva, que se retirou em 1635, abando-

nando "muitos bens e um engenho". Em 1636, "a casa de purgar e a casa da proprietária estão totalmente desmoronadas, mas a casa na qual estão as moendas ainda é nova [...] tem duas milhas de terra, com muitos vales e lindos canaviais, como também madeira e pastos para os animais. Pode anualmente fazer 9 mil a 10 mil arrobas de açúcar". Em 1637, foi confiscado e vendido a Duarte Saraiva por 60 mil florins em sete prestações anuais de 8571 florins. Moía em 1637 e 1639. Seu proprietário em 1648, após a insurreição pernambucana, era Francisco Dias Delgado, a quem Duarte Saraiva revendera o engenho ao menos desde 1642. Em 1645, Francisco Dias Delgado foi preso pelas autoridades holandesas, aderindo depois à insurreição. Moía em 1655. Em 1656, capitão de uma companhia do terço do mestre de campo d. João de Souza, ele contratava com os monges beneditinos a obrigação de dizerem duas missas semanais pela sua alma e da sua falecida mulher, Paula Moreira. Após a restauração pernambucana, d. Isabel de Moura (que no Recôncavo baiano adquirira o engenho São Paulo), sua filha Maria e seu genro Felipe Cavalcanti de Albuquerque regressaram a Pernambuco, entrando em litígio com Francisco Dias Delgado. A disputa foi solucionada mediante a reintegração dos herdeiros de Antônio Ribeiro de Lacerda na posse do engenho, ficando Francisco Dias Delgado com o engenho da Tapera. Em 1663, ele era devedor de 23 962 florins à WIC.[80]

9) GUERRA, ENGENHO DA. Invocação São Paulo. Sito à margem esquerda do Ipojuca. Engenho de bois. Pagava 1,5% de pensão. Em 1623, produzia 4290 arrobas. Em 1636, seus proprietários residiam em Portugal ou haviam se retirado quando da ocupação holandesa, sendo feitorizado por Pedro da Grã de Abreu, que possuía 2/9 do engenho. Em 1636, tinha uma milha de terra em quadra, "parte da qual é plantada com cana, enquanto

a outra parte consiste de pastos, mas não tem matas e por isso tem que comprar toda a madeira, o que é muito oneroso. Pode anualmente fornecer 2 mil a 3 mil arrobas de açúcar". Foram encontrados dezesseis bois e 35 escravos, entre adultos e crianças. Pedro da Grã continuou à sua frente mas os outros 7/9 foram vendidas ao conselheiro político Hendrick Schilt em 1637 por 21 777 florins em prestações anuais de 4 mil florins. Moeu em 1637 e 1639, ano em que foi comprado por Jacob Corderus e Baltasar Wijntgens, falecido pouco depois. Em 1642, a WIC cobrava a Corderus as prestações vencidas. Em 1644, adquiriu-o Amador de Araújo Pereira, como se infere do arresto de trinta caixas de açúcar a ele pertencentes, solicitado por Jan Cardorp para ressarcir-se do que "o mesmo Araújo lhe está devendo por causa da compra do engenho da Guerra". O arresto foi, contudo, anulado pelo governo do Recife, devido a que o açúcar fora enviado por Araújo com vistas a amortizar sua dívida com a WIC, da qual ainda restavam pagar cerca de 12 mil florins, do montante que não fora saldado pelo primeiro comprador, Hendrick Schilt, e por Balthazar Wijntgens. Amador de Araújo deveria satisfazer o saldo devedor em prestações anuais de 3 mil florins. Em 1645, Amador de Araújo foi convocado ao Recife "para dar satisfação a Duarte Saraiva de um resto de contas que lhe devia". No mesmo ano, ele chefiou a insurreição luso-brasileira em Ipojuca. Moía em 1655. Em 1663, Schilt era devedor de 7200 florins à WIC. Em 1645 e 1663, Amador de Araújo era devedor de 30 528 florins à WIC.[81]

10) SÃO JOÃO. Markgraf e Golijath o registram como engenho do Salgado. Sito à margem esquerda do Ipojuca. Engenho de bois de dupla moenda. Pagava de pensão trinta arrobas de açúcar encaixado e posto no porto do engenho. Em 1593, Pero Dias da Fonseca, natural de Azurara (Minho) e filho de um caixeiro, surge como ho-

mem de negócio e senhor de engenho em Ipojuca, sendo processado pela Inquisição por não pagar o dízimo da mandioca e das miunças. Em 1609, seu filho Cosmo Dias da Fonseca era proprietário de dois engenhos na freguesia: o Trapiche, que é o São João-Salgado, e o Santa Luzia. Em 1623, Cosme produzia no São João 6485 arrobas. Em 1636, tinha "cerca de uma milha de terra, na maioria várzeas, das quais se obtêm boas canas [...] pela comodidade do rio Ipojuca, que corre bem perto, pode moer o ano inteiro. Tem fornecido 5 mil arrobas [...] a casa de purgar tem paredes de taipa, mas está totalmente destruída, como também as moendas; as caldeiras foram retiradas e escondidas". Em 1634, a tropa holandesa incendiou o engenho, após expulsar o contingente inimigo que queimara a casa de purgar. A viúva de Cosme, d. Mência de Moura, retirou-se em 1635. Em 1636, a tropa holandesa incendiou engenho e canaviais, também atacados pelos campanhistas luso-brasileiros. Confiscado e vendido em 1637 a Mateus da Costa, "mercador de pouco trato e de presente [...] lavrador no engenho de João Tenório de Molina", por 18 mil florins, em prestações anuais de 3 mil florins. Em 1637 não moeu, mas devia fazê-lo em 1639. No ano seguinte, Mateus da Costa o revendeu a Duarte Saraiva, gabando de haver obtido lucro de 15 mil cruzados com a operação. Moía em 1655. Em 1677, os descendentes de Cosmo Dias da Fonseca estavam novamente de posse do engenho. Em 1645, Mateus da Costa era devedor de 3 mil florins à WIC "conta a prazo". Em 1663, de 14811 florins.[82]

11) PINDOBA. Invocação São João. Sito à margem esquerda do Pindoba. Engenho d'água e de bois. Pagava de pensão oitenta arrobas de açúcar terçado, seco nos toldos. Fundado por volta de 1590 por Gaspar da Fonseca Carneiro, provedor-mor de Pernambuco, que pouco tempo depois regressou a Portugal. Em 1609, é referi-

do como o engenho que "ficou de Cristóvão Álvares", provavelmente seu rendeiro, pois em 1623 é novamente mencionado como pertencendo a Gaspar da Fonseca Carneiro. Produzia então 4680 arrobas. Tinha "um belo açude e cerca de meia milha de terra, na qual está uma várzea tão bem plantada que anualmente o engenho pode fornecer 3 mil a 4 mil arrobas de açúcar". Quando da ocupação holandesa, Gaspar já era falecido, e o engenho pertencia aos filhos, sendo administrado pelo primogênito, ao passo que as irmãs encontravam-se num convento em Portugal. Moía em 1637 e 1639. Posteriormente vendido a Gaspar Gonçalves Vilas, natural de Alter do Chão (Alentejo), que, para obter a compra, teria subornado a mulher de autoridade neerlandesa com duas libras de ouro. Em 1642, a dívida de Gaspar não pôde ser cobrada, pois "se ausentara por motivo de alguns delitos". Autoridade do governo do Recife visitou o engenho "para verificar a situação dele, a fim de que a Companhia não tenha prejuízo"; e entendendo-se com a esposa de Gaspar "sobre o que ele ainda deve do preço do engenho", teve a promessa de que "daqui a três ou quatro semanas, sem dúvida, seria satisfeito o pagamento por ela própria ou por seu pai". Em 1644, o Pindoba foi vendido a João Fernandes de Carvalho por 14 mil florins. Em 1655, o engenho moía. Em 1645 e em 1663, Gaspar era devedor de 57 899 florins à WIC. João Fernandes de Carvalho devia 4637 florins.[83]

12) SANTA LUZIA. Designado por Tabatinga em Markgraf e Golijath, do nome do rio em cuja margem direita situava-se. Engenho d'água levantado por Cosme Dias da Fonseca antes de 1609. Pagava 3% de pensão. Em 1623, produzia 4146 arrobas. Segundo Schott, Cosmo Dias retirara-se, mas é provável que já fosse falecido em 1635, pois o donatário de Pernambuco menciona apenas sua mulher, d. Mência de Moura, como tendo abandonado

dois engenhos. Em 1636, tinha "um belo açude [...] cerca de 1,5 milha de terra com uma boa várzea, bem plantada com canavial, que anualmente pode produzir cerca de 5 mil a 6 mil arrobas de açúcar; as caldeiras e os tachos foram todos retirados". Confiscado e vendido em 1637 a Amador de Araújo por 40 mil florins, em uma prestação inicial de 2 mil florins, e as seguintes, anuais, de 4 mil florins. Moía em 1637 e 1639. Em junho e agosto de 1645, Gabriel Castanho, comerciante de escravos, informou ao governo do Recife que Amador de Araújo lhe devia 45 mil florins, pelo que solicitou autorização para tomar posse do engenho. O pedido foi aceito mas com a insurreição, de que Araújo era o chefe em Ipojuca, ele permaneceu na posse do Santa Luzia, militando no exército luso-brasileiro durante a guerra da restauração. Moía em 1655. Em 1663, Amador de Araújo era devedor à WIC no montante de 30528 florins.[84]

13) ARATANGIL. Invocação Nossa Senhora da Escada. Sito à margem direita do Sibiró. Engenho d'água. Pagava de pensão oitenta arrobas de açúcar branco encaixado. Fundou-o Miguel Fernandes de Távora, já falecido em 1593. Sua viúva, Margarida Álvares de Castro, o possuía em 1609 e em 1623, quando produzia 2365 arrobas. Em 1630, pertencia ao filho do casal, Miguel Fernandes de Sá, que permaneceu sob o domínio holandês. Possuía "cerca de uma milha de terra [...] e pode anualmente produzir 4 mil a 5 mil arrobas de açúcar". Dussen o menciona duas vezes, em Ipojuca (n. 13) e em Sirinhaém (n. 89). Moía em 1637 e 1639. Fazia-o em 1655. Em 1645, Miguel Fernandes de Sá devia 15090 florins à WIC; e em 1663, 39090 florins.[85]

14) PANTORRA. Invocação Nossa Senhora da Paz. Sito à margem esquerda do Pirapama. Engenho d'água. Pagava 3% de pensão. Fundado depois de 1595. Em 1609, perten-

cia a Belquior Garcia Rebelo, "angolista", ou negociante de escravos, que já vivia em Pernambuco em 1595, exportando seu açúcar. Em 1623, pertencia a Diogo Fernandes Pantorra, produzindo 7855 arrobas. Quando da ocupação holandesa, estava arrendado a Domingos da Costa, que se retirou, como também fez o dono. Tinha "cerca de uma milha de terra com muitos montes e matas; dos seus canaviais, podem anualmente ser fabricadas 4 mil a 5 mil arrobas de açúcar". "A casa de purgar e a casa das caldeiras têm paredes de alvenaria, mas os telhados já são bastante velhos." Após o confisco, Diogo Fernandes Pantorra retornou, readquirindo o engenho em 1637 por 19 500 florins, em seis prestações anuais, mas em 1638 o repassou a Nicolaes Haen Leupleur e sócios. "Inteiramente arruinado", em 1639 estava "sendo reparado e replantado para moer no ano vindouro." A monte em 1655. Em 1645 e 1663, Diogo Fernandes devia 19 500 florins à WIC.[86]

## Sirinhaém-Una

1) ITAPIRUSSU. Também chamado Ubaca de Cima. Invocação Nossa Senhora da Ajuda. Sito à margem do rio homônimo. Engenho d'água, pagava de pensão duas arrobas de açúcar branco por mil, após dizimar. Fundado antes de 1609 por Álvaro Fragoso, cavaleiro fidalgo da Casa Real e filho do desembargador Brás Fragoso, que fora ouvidor geral do Brasil. Pertencia em 1623 ao filho de Álvaro, Pedro Fragoso de Albuquerque, produzindo 5315 arrobas. "Suas canas são plantadas numa várzea [...] e pode anualmente fornecer 6 mil a 7 mil arrobas de açúcar." O proprietário retirou-se em 1635. Confiscado e vendido em 1637 a Willem Placard por 44 mil florins, em prestações anuais de 6 mil florins. Não moeu em 1637, mas devia fazê-lo em 1639, quando pertencia a Daniel de Haen, que era também arrematador do con-

trato de apanha de gado em Sergipe e no Rio Grande. O Itapirussu dispunha de três partidos de lavradores, que, com o partido da fazenda (doze), perfaziam 69 tarefas (3450 arrobas). Em 1644, Daniel de Haen e sua mulher, Maria de Oliveira, assinaram contrato de encampação da dívida com a WIC. Por ocasião da insurreição de 1645, Haen foi preso e mandado para Salvador, onde ainda se encontrava em 1650, quando obteve autorização para estabelecer-se no Recôncavo. Moía em 1655. Em 1645 e 1663, Placard devia 44,5 mil florins à WIC.[87]

2) UBACA. Também chamado Itapirussu de Baixo. Sem indicação de orago. Sito à margem esquerda do Itapirussu. Engenho d'água, pagava de pensão duas arrobas de açúcar branco por mil, após dizimar. Em 1623, pertencia a Gaspar Fragoso Toscano, produzindo 5502 arrobas. Quando da ocupação holandesa, pertencia a seu filho Álvaro Fragoso Toscano, que permaneceu à frente do engenho. "A cana está plantada nas várzeas. Pode anualmente fazer 2 mil a 3 mil arrobas de açúcar." Moía em 1637 e 1639, com dois partidos de lavradores, no total de 47 tarefas (2350 arrobas), sem partido da fazenda. O dono aderiu à insurreição de 1645. Moía em 1655.[88]

3) D. CATARINA, ENGENHO DE. Também denominado Jaguaré, como no mapa de Golijath. Sem indicação de orago. Sito à margem esquerda do rio homônimo. Engenho de bois. Pagava de pensão duas arrobas de açúcar branco em cada mil. Fundado posteriormente a 1609 por Jerônimo de Ataíde de Albuquerque, em sesmaria herdada do seu avô, Jerônimo de Albuquerque. Em 1623, o engenho produzia 1090 arrobas. Em 1635, a viúva, Catarina Camela, sobrinha homônima da proprietária do vizinho engenho Jaciru, retirou-se para a Bahia. Em 1636, tinha "pouca cana [...] e pode anualmente produzir 1,4 mil a 1,5 mil arrobas de açúcar [...]. A casa de purgar e casa

das caldeiras são de alvenaria e [estão] desmoronadas". Confiscado, não encontrou comprador por "estar muito arruinado". Em 1642 ainda se encontrava a monte. Em 1655 não se lhe faz alusão, a menos que se trate do engenho da Tapera.[89]

4) CAMARAGIBE. Invocação Santo Antônio. Sito à margem esquerda do Sirinhaém. Engenho d'água. Pagava de pensão duas arrobas de açúcar branco em cada mil. Em 1593, pertencia a Francisco Fernandes do Porto, comerciante de açúcar, residente em Olinda. Em 1623, o Camaragibe produzia 3250 arrobas. Ficava a "três milhas mais para o interior de Sirinhaém em direção ao oeste, tem cerca de uma milha de terra, na maior parte matas e montes e poucas várzeas [...] pode anualmente produzir 2 mil a 3 mil arrobas de açúcar". Em 1636, Francisco Fernandes foi torturado e enforcado pela tropa holandesa. O inventário indicou haver sido casado duas vezes, pertencendo o engenho à primeira mulher, já falecida, de quem tivera uma filha. Francisco deixara dívidas num total de 15 mil florins. Em 1637, o Camaragibe deveria moer sob a gestão da viúva, Branca Mendes. Em 1639, moía com quatro partidos de lavradores, no total de 48 tarefas (2,4 mil arrobas), sem partido da fazenda. Contudo, naquele mesmo ano, a WIC averiguou que a escravaria estava reduzida a doze pessoas, das quais três velhos e quatro crianças, e que as tarefas de cana não passavam de trinta, avaliando, contudo, o engenho em 60 mil florins. A Companhia fez acordo com os procuradores da órfã e da primeira mulher visando o pagamento de impostos atrasados. Moente em 1655. Em 1663, Francisco Fernandes era debitado em 368 florins à WIC.[90]

5) ARAQUARA. Sem indicação de orago. Sito à margem esquerda do riacho Camaragibe. Vicente Campelo da Costa, provedor da Fazenda Real em Pernambuco (1610),

capitão do forte do Recife (1611) e rendeiro do engenho de Felipe de Albuquerque em Sirinhaém, começara a levantar o Araquara quando sobreveio a invasão holandesa. Em 1637, já dispondo de boa quantidade de cana, foi preso e mandado para a Holanda, confiscando-se-lhe o engenho, que, contudo, não encontrou comprador. Em 1639, achava-se "arruinado". Em 1642, "ainda está vago". Não foi arrolado em 1655.[91]

6) COCAÚ. Invocação Nossa Senhora da Penha de França. Sito à margem do Camaragibe, a oeste do Araquara. Engenho d'água. Pagava de pensão duas arrobas em cada mil. Fundado por Alexandre de Moura, que governara Pernambuco no começo do século XVII em nome do primo donatário, sendo depois capitão-mor do Maranhão. Em 1623, pertencia a seu filho, d. Francisco de Moura, oficial da Coroa que participou da restauração da Bahia (1625). O engenho produzia 2175 arrobas em 1623. Tinha

> cerca de uma milha de terra, da qual a maior parte são matas. As várzeas estão plantadas com canas e pode produzir 3 mil a 4 mil arrobas de açúcar [...] o açude é razoável, mas muitas vezes falta água, de modo que o engenho não pode moer. Também no inverno dificilmente os açúcares podem ser transportados, porque as estradas ficam intransitáveis [...]. A casa de purgar e a casa das caldeiras são de taipa.

Foram encontrados na senzala seis negros, seis negras e seis moleques. "Como este engenho tem muito pessoal e seus canaviais estão maduros", o feitor-mor foi autorizado a safrejar "em proveito da Companhia e para comodidade dos lavradores". Em 1636, já fazia "quantidade razoavelmente grande de açúcar". Os ataques dos campanhistas luso-brasileiros puseram-no a perder: incendiado, em 1639 "está destruído e sem dono nem moradores". Em 1638-40, d. Francisco de Moura participou do comando da armada do conde da Torre. Em 1641, o engenho foi vendido por 30 mil florins a Duarte Nunes, comerciante, que em 1645 era devedor de 41773 florins à WIC e, em 1663, de 59773 florins. Moente em 1655.[92]

7) SANGUÁ. Também referido como Enxágua. Invocação Nossa Senhora da Apresentação. Sito à margem direita do Sanguá. Força motriz não identificada, motivo pelo qual não pode ser estimada sua produção em 1639. Pagava de pensão duas arrobas de açúcar branco por mil. Em 1636, pertencia a Manuel Pinto Pereira, que se retirou, permanecendo seu filho "durante algum tempo no engenho, mas finalmente escondeu-se também". Tinha "cerca de uma milha de terra, grande parte da qual consiste de matas; nas várzeas há plantações de canas; pode anualmente fornecer 2 mil arrobas de açúcar [...]. A casa de purgar e a casa das caldeiras têm paredes de alvenaria". Ali havia três caldeiras grandes, quatro tachos, quatro escumadeiras, duas ditas menores, duas pombas, dois reminhóis, um tacho velho, além de três negras velhas e um negro. O governo do Recife autorizou o lavrador Manuel Velho a safrejar "com seus negros e outros que pudesse obter", com a promessa de "uma boa remuneração", uma vez prestadas as contas, "fora todas as despesas e sua parte do açúcar. Tudo está tão adiantado que já fez uma quantidade razoável de açúcar". O proprietário, porém, retornou em 1637, preparando-se "para moer ainda esta safra". Em 1639, moía com quatro partidos de lavradores, no total de 53 tarefas, sem partido da fazenda. Moía em 1655.[93]

8) RIO FORMOSO. Invocação São José. Sito à margem direita do rio homônimo. Engenho de bois, pagava duas arrobas de açúcar branco por mil. Em 1623, pertencia

a Manuel Gonçalves Olinda, produzindo 3910 arrobas. Quando da ocupação holandesa, o engenho passara à viúva, d. Catarina de Fontes, que se retirou. Tinha "cerca de uma milha de terra, parcialmente montuosa, na qual está plantada muita cana". Embora moendo com bois, "tem boa comodidade para fazer uma moenda d'água. Pode anualmente fornecer 3 mil a 4 mil arrobas de açúcar [...]. A casa de purgar e casa das caldeiras são de taipa mas totalmente desmoronadas". Confiscado e vendido em 1637 a Rodrigo de Barros Pimentel por 24 mil florins em prestações anuais. Segundo fonte luso-brasileira, Rodrigo teria sido coagido a adquiri-lo pelas autoridades neerlandesas. Em 1638, Rodrigo o revendeu a Roland Carpentier. Moía em 1637 e 1639, com três partidos de lavradores que forneciam o total de noventa tarefas (3150 arrobas), sem partido da fazenda. À raiz da insurreição de 1645, Carpentier, casado com luso-brasileira, procurou permanecer mas foi desterrado para a Bahia. Pela mesma ocasião, o engenho foi saqueado pelos insurretos, que "roubaram os negros e mataram os animais pertencentes aos holandeses, mas não tocaram nos dos portugueses". Em 1650, passando dificuldades em Salvador, Carpentier obteve licença para estabelecer-se no Recôncavo. Por então, Miguel Gonçalves Olinda, filho homônimo do primeiro proprietário, obteve licença do governador-geral para retornar a Pernambuco e reaver o engenho. Moía em 1655.[94]

9) TRAPICHE. Invocação Santo Antônio, como o denomina Markgraf. Sito à margem direita do Sirinhaém. Engenho de bois. Pagava de pensão duas arrobas de açúcar branco por mil depois de dizimado. Fundado antes de 1609 pelo alemão Jaques Peres, que vivia em Pernambuco ao menos desde 1590, quando era meirinho da correição. Em 1623, o Trapiche produzia 1885 arrobas. A essa altura, Jaques Peres possuía um segundo engenho em Sirinhaém, de ca-

pacidade bem superior, fundado em terras adquiridas às irmãs Isabel e Cosma de Albuquerque em 1610. Quando da ocupação holandesa, pertencia aos herdeiros de Peres, que permaneceram na capitania, salvo Romão Peres, que se retirou em 1635. Em 1632, foi saqueado e queimado pela tropa holandesa. O Trapiche tinha "cerca de uma milha de terra, com uma boa várzea [...] pode anualmente produzir 4 mil a 5 mil arrobas de açúcar". Não moeu em 1637 mas devia fazê-lo em 1639, com três partidos de lavradores, no total de dezesseis tarefas (560 arrobas), sem partido da fazenda. Moía em 1655.[95]

10) TODOS OS SANTOS. Golijath o denomina Espírito Santo. Sito à margem esquerda do Sirinhaém. Engenho d'água, pagava de pensão duas arrobas de açúcar branco por mil, após dizimar. Tinha "cerca de uma milha de terra, na qual há várzeas razoáveis; pode anualmente produzir 2 mil a 3 mil arrobas de açúcar". Quando da ocupação holandesa, pertencia a Francisco Fernandes Anjo, que fora consignatário de açúcar em Lisboa, estando arrendado a Sebastião Vaz Ferreira. Tendo este falecido antes de 1636, sua viúva devolveu o engenho ao proprietário. Não moeu nem em 1637 nem em 1639, embora no último ano estivesse plantado. Em 1637, Francisco readquiriu à WIC uma data de terra que lhe havia pertencido, o que leva a supor que inicialmente se tivesse retirado. Moía em 1655. Em 1663, Francisco era devedor à WIC de 70 590 florins.[96]

11) NOSSA SENHORA DA PALMA. Sito à margem esquerda do Sirinhaém. Engenho d'água, fundado por Felipe de Albuquerque antes de 1609 em terras da sesmaria do pai, Jerônimo de Albuquerque. Pagava de pensão duas arrobas de açúcar branco em mil depois de dizimado. Em 1623, estava arrendado a Vicente Campelo, produzindo 8628 arrobas. Quando da ocupação holandesa, a

viúva de Felipe, d. Madalena Pinheira, retirou-se. Estava "situado a um um quarto de milha distante [da vila] de Sirinhaém [...] e tem cerca de meia milha de terra, com uma boa várzea bem plantada que, porém, está decaindo cada dia mais, como tudo que pertence ao engenho. Produz anualmente 2 mil a 3 mil arrobas de açúcar [...]. Na roça, perto do engenho, foram encontrados um negro velho e uma negra". Ao partir, d. Madalena deixara "apenas o que não podia levar". Em 1637, foi confiscado mas como "não tem canas nem dono", não moeria. No ano seguinte, ainda neste estado, foi vendido a Pero Lopes de Vera por 26 mil florins, em cinco prestações anuais. Em 1655, estava a monte.[97]

12) NOSSA SENHORA DO ROSÁRIO. Sito à margem esquerda do Sirinhaém. Engenho d'água. Pagava de pensão duas arrobas em cada mil. Em 1609, pertencia a Diogo Martins Pessoa, que o fundou em terras da sua mulher, filha de Jerônimo de Albuquerque; e que em 1602 surge como vereador de Olinda. Em 1613, a viúva, Felipa de Melo, casou com o comerciante Pero Lopes de Vera. Em 1623, é mencionado como o segundo engenho de Pero Lopes, produzindo 7089 arrobas. Pero Lopes permaneceu sob o domínio holandês. Tinha "cerca de uma milha e meia de terra com uma várzea razoavelmente boa [...] e pode anualmente fornecer 5 mil a 6 mil arrobas de açúcar". Não moeria em 1637 mas devia fazê-lo em 1639, com dois partidos de lavradores que, com o partido da fazenda (quarenta), perfaziam 74 tarefas (3,7 mil arrobas). Em 1649, d. Felipa de Melo faleceu na propriedade; e Pero Lopes na Bahia, em 1651. É provavelmente o engenho que a relação de 1655 já designa por Goicana. Em 1663, Pero Lopes de Vera era debitado à WIC em 28 587 florins.[98]

13) SÃO BRÁS. Sito à margem direita do Sirinhaém. Engenho d'água. Pagava duas arrobas por mil de pensão.

Em 1623, pertencia a Miguel Ferreira, produzindo 6255 arrobas. Quando da ocupação holandesa, seu proprietário era Pero Lopes de Vera. Como o engenho anterior, "situado ao sul do rio Sirinhaém, cerca de uma milha e meia da cidade, tem aproximadamente uma milha de terra com uma várzea razoavelmente boa", podendo produzir anualmente 5 mil a 6 mil arrobas de açúcar. Em 1636, foi incendiado pelos campanhistas luso-brasileiros. Devia safrejar em 1638 mas em 1639 suas canas foram levadas a moer em outro engenho de Pero Lopes, o Nossa Senhora do Rosário. Dispunha então de três partidos de lavradores, num total de quarenta tarefas (2 mil arrobas), sem partido da fazenda. A monte em 1655.[99]

14) JACIRU. Invocação São Jerônimo. Sito à margem direita do Sirinhaém. Engenho d'água, pagava de pensão duas arrobas de açúcar branco por mil. Fundado por Pero de Albuquerque. Em 1623, era listado em nome de Jerônimo de Albuquerque, provavelmente seu filho, produzindo 6509 arrobas. Quando da ocupação holandesa, pertencia à viúva, Catarina Camela, tia homônima da proprietária do engenho de D. Catarina. Confiscado e vendido a Lourenço Ferreira Bettancourt em 1638 por 24 mil florins, em seis prestações anuais. Tinha "cerca de uma milha de terra com poucas várzeas e muitos montes [...] pode anualmente produzir 3 mil a 4 mil arrobas de açúcar [...]. A casa de purgar e a casa das caldeiras são de taipa mas estão muito arruinadas". Não safrejou em 1637 mas devia fazê-lo em 1639, com três partidos de lavradores no total de 33 tarefas (1650 arrobas), sem partido da fazenda. A monte em 1655. Em 1645 e 1663, Lourenço Ferreira devia 23740 florins à WIC.[100]

15) ILHETAS. Invocação Nossa Senhora de Guadalupe. Markgraf o designa por Nossa Senhora do Monserrate. Sito à margem esquerda do rio das Ilhetas. Engenho de

bois. Pagava de pensão 20 mil-réis em espécie. Foi uma das fábricas levantadas por João Pais Barreto, o Velho. É provavelmente o engenho listado sob o nome de Miguel Ferreira em 1623, o qual produzia 5255 arrobas. Na realidade, pertencia ao filho de João Pais, Estêvão Pais Barreto, que se retirou após a ocupação holandesa.

> Situado meia milha mais ao oeste da aldeia [de Una] [...] tem cerca de uma milha de terra com uma várzea e, além disto, tem ao leste e ao norte de Una ainda umas três milhas de pastos e muitos montes [...] pode anualmente produzir 3 mil a 4 mil arrobas de açúcar [...]. A casa de purgar e a casa das caldeiras foram reconstruídas de taipa, mas os telhados estão meio desmoronados [...]. Ao redor deste engenho vagam umas vinte vacas, pertencentes ao dito senhor, mas são bravias demais para serem capturadas.

Em 1637, "não tem dono e não moerá". Confiscado e vendido em 1638 a dois funcionários da WIC, Jacob Stachouwer e Nicolaas de Ridder, por 27 mil florins, em cinco prestações anuais. Em 1638, ambos viajaram aos Países Baixos, ocasião em que os canaviais estavam plantados, devendo a fábrica moer em 1639. Mas ainda não o fazia em 1642 por ocasião da sua compra por João Fernandes Vieira, que esperava pô-lo a safrejar dentro de um ano, para o que necessitava de sessenta escravos. Moía em 1655, sendo proprietário João Pais de Castro, filho de Estêvão. Em 1663, Elisabeth Stachouwer reivindicava ressarcimento à Coroa portuguesa.[101]

16) NOSSA SENHORA DA GUIA. Também designado por Nossa Senhora da Penha de França; e por São Gonçalo no mapa de Golijath. Sito à margem esquerda do rio Una. Engenho d'água. Foi uma das fábricas levantadas por João Pais Barreto, o Velho. Pagava de pensão 20 mil-

-réis em espécie. Em 1623, pertencia a seu filho, Diogo Pais Barreto, produzindo 6549 arrobas. Diogo militou na guerra de resistência como oficial da cavalaria. Em 1636, campanhistas luso-brasileiros ocuparam o engenho. Com a vitória holandesa e a retirada de Diogo Pais, foi confiscado, sem, contudo, encontrar comprador. Em 1636, tinha "cerca de uma milha de terra com uma grande várzea [...] e pode anualmente produzir 3 mil a 4 mil arrobas de açúcar [...]. A casa de purgar e a casa das caldeiras são totalmente novas". Tanto este quanto o engenho vizinho, Ilhetas, foram incendiados pela tropa neerlandesa. Diogo Pais faleceu solteiro ao retirar-se com sua mãe, d. Inês Guardês de Andrade, e irmãos. Mas parte da família logo regressou a Pernambuco e d. Inês ocupou o engenho como herdeira de Diogo, embora a WIC alegasse direito à propriedade, uma vez que fora inicialmente abandonada. Dado tratar-se de família havia muito estabelecida na terra e que incorrera em pesados prejuízos em decorrência do confisco de vários de seus engenhos, o governo do Recife negociou com o irmão de Diogo, Felipe Pais Barreto, que, dando a garantia dos seus bens, obteve que sua mãe permanecesse à frente da propriedade ao preço "mais suave" de 18 mil florins, em quatro prestações anuais, salvo os escravos e animais que ainda ali se encontrassem e o terreno onde se erguera a povoação do Una. Provavelmente, o engenho não voltou a safrejar, uma vez que não é mencionado em 1655.[102]

## Porto Calvo

1) MANUEL RAMALHO, ENGENHO DE. Markgraf o designa por Nossa Senhora da Ajuda; e Golijath, por Japaratuba. Sito à margem esquerda do rio homônimo. Engenho d'água. Safrejava em 1623, produzindo 990 arrobas. Em 1632, a tropa holandesa já encontrou a proprieda-

de abandonada e deserta, incendiando-a. Confiscado e vendido a David de Vries em 1638 por 25 mil florins, em cinco prestações anuais. Em 1639, De Vries estava reparando as instalações e replantando os partidos de cana. Em 1642, "tinha feito grandes despesas não só na construção das moendas como na de uma nova levada e outras coisas". Da dívida, contudo, só pagara 6 mil florins, prometendo "entregar à Companhia todo o açúcar que moer nesta safra, para redução do seu débito". Em 1645 era devedor de 36974 florins à WIC; e em 1663, de 25 mil florins. O engenho não é mencionado em 1655. Em 1663, Abraham e David de Vries formulavam suas pretensões a ressarcimento pela Coroa portuguesa.[103]

2) ALPÕES, ENGENHO DOS. Sem indicação de orago. Sito à margem esquerda do Manguaba. Engenho de bois. Pagava de pensão trinta arrobas de açúcar branco encaixado e posto no passo. Em 1582, João de Alpoim era vereador de Olinda; e em 1593, ele e o irmão Cristóvão d'Alpoim ainda residiam na vila. O engenho, cujo nome indica cossenhorio, foi provavelmente fundado por eles em data posterior a 1609. Safrejava em 1623, quando pertencia a Estêvão d'Alpões, produzindo 1865 arrobas. Em 1635, pertencia a Francisco de Faria d'Alpões. Em 1637, estava arruinado, e ainda se encontrava no mesmo estado em 1655.[104]

3) MORRO, ENGENHO DO. Invocação Santo Amaro, como o registra Markgraf. Sito à margem direita do Manguaba. Engenho d'água. Pagava de pensão doze arrobas de açúcar branco, encaixado e posto no passo. Fundado em terras da sesmaria de Cristóvão Lins, seu concunhado, por Antônio de Barros Pimentel, natural de Viana (Minho), provedor da Fazenda dos Defuntos e Ausentes de Pernambuco e Itamaracá e vereador de Olinda em 1582. É possível que, como Cristóvão, ele tivesse sido inicial-

mente senhor de engenho no Cabo, pois em 1609 existia ali "o engenho de Antônio de Barros". Em 1623, pertencia a Rodrigo de Barros Pimentel, que nele produzia 4889 arrobas. Em 1635, Rodrigo manteve contatos com a chefia militar neerlandesa visando à entrega de Porto Calvo. Posteriormente, o exército da resistência, em retirada para a Bahia, deteve-se no engenho, causando "grande dano no gado e nos bens". Em 1637, após a queda de Porto Calvo, Rodrigo foi preso quando tentava passar a Salvador, regressando ao engenho. Em 1638, ele e sua mulher, d. Jerônima de Almeida, foram detidos por algum tempo, sob a acusação de conjura contra o domínio holandês e de abrigar campanhistas luso-brasileiros. Na ausência de ambos, "para prevenir distúrbios nos seus engenhos [...] [e] controlar tudo devidamente, de modo a que a moagem não seja interrompida", o governo do Recife contratou Jerônimo de Oliveira para feitorizar o engenho e Manuel de Sousa para gerir o outro engenho do proprietário, o Santo Antônio (Porto Calvo). Moía em 1639, com três partidos de lavradores, no total de 43 tarefas (2150 arrobas), sem partido da fazenda. Em 1641, d. Jerônima de Almeida teve novamente problemas com o governo holandês, devido ao encontro ocorrido na casa-grande do Morro entre o diretor de Alagoas, Balthazar van de Voorde, e o escolteto de Porto Calvo, Gerard Crayenstein, com o capitão de campanhistas Paulo da Cunha Souto Maior. A esta altura, Rodrigo de Barros Pimentel achava-se na Bahia. Em 1642, autoridade do governo do Recife visitou o engenho, tratando com d. Jerônima do pagamento da dívida do marido. Em 1645, Rodrigo foi levado preso para o Recife, sendo autorizado a mandar trazer catorze ou quinze caixas de açúcar para cobrir seus gastos de manutenção; e a receber da mulher "cem dobrões e duas capoeiras de galinhas" por estar "muito enfermo". Torturado sob a acusação de comunicação com o inimigo, "tão maltratado ficou do tormento que esteve para morrer". Em 1649, Rodrigo ainda se encontrava preso; e seus parentes e amigos reuniam sessenta caixas de açúcar para pagar suas contas. Sua liberação deve ter ocorrido em 1650, após a venda pública dessas caixas. Em 1645 e 1663, Rodrigo de Barros Pimentel era devedor de 24 283 florins à WIC. O Morro safrejava em 1655.[105]

4) SANTO ANTÔNIO. Também chamado engenho Novo. Sito à margem esquerda do Camaragibe. Engenho de bois. Pagava de pensão vinte arrobas de açúcar branco encaixado e posto no passo. Em 1637, fora construído recentemente por Rodrigo de Barros Pimentel. Devia moer em 1639, com dois partidos de lavradores e com o partido da fazenda (quatro) num total de 49 tarefas (1715 arrobas). Moía em 1655.[106]

5) SÃO FRANCISCO. Também denominado Escurial. Sito à margem esquerda do Tupamunha. Engenho de bois. Pagava trinta arrobas de pensão. Foi um dos engenhos fundados por Cristóvão Lins, natural de Augsburgo (Alemanha) e povoador de Porto Calvo. Em 1623, pertencia a Manuel Camelo de Queiroga, que fora alferes da guarnição de Pernambuco e que provavelmente o recebera em dote ou por herança, uma vez que era casado com Maria Lins, filha de Bartolomeu Lins e neta de Cristóvão Lins. Produzia então 3180 arrobas. Em 1635, guerrilheiros luso-brasileiros aprovisionaram-se no engenho, onde encontraram "muito que comer, ovelhas, carneiros, perus, galinhas". Manuel Camelo foi detido pela tropa holandesa, mas conseguiu safar-se, "fugindo para os matos". Preso novamente ao retirar-se em 1637, permaneceu sob o domínio holandês. O engenho moía em 1639, com dois partidos de lavradores, no total de 23 tarefas (805 arrobas), sem partido da fazenda. Em 1645, Manuel Camelo aderiu à insurreição, falecendo pouco tempo depois. O engenho passou à viúva, Maria Lins,

e a seu filho, o segundo Cristóvão Lins, que promoveu a adesão de Porto Calvo ao levante. O genro de Maria Lins, Sebastião de Carvalho, natural do Crato (Alentejo), foi preso e enviado à Bahia à raiz da insurreição luso-brasileira de 1645, cuja articulação delatara às autoridades holandesas. Em 1651, livre das culpas de colaboracionismo por sentença do Ouvidor Geral, alegando "ser irreparável o dano que recebem suas fazendas com a falta de sua pessoa e prejuízo que se lhe seguirá de não ir para sua casa depois do muito tempo que havia estado preso e fora dela, além das grandes despesas que havia feito", obteve licença para ir viver "em um engenho seu que tem no Porto do Calvo". Em 1655, moente e corrente, o engenho é mencionado como pertencente a Sebastião de Carvalho, que, na realidade, só possuía parte dele. Tendo sua sogra, Maria Lins, casado em segundas núpcias com Clemente da Rocha Barbosa, este adquiriu a Sebastião de Carvalho seu quinhão da propriedade. Em 1645 e 1663, Sebastião de Carvalho era devedor de 2640 florins à WIC.[107]

6) CRISTÓVÃO BOTELHO, ENGENHO DE. Invocação São Cristóvão. Sito à margem esquerda do Camaragibe. Força motriz não identificada. Em 1623, pertencia a Baltazar de Almeida Botelho e produzia 3175 arrobas. Aparentemente ainda safrejava em 1635, pois o proprietário de então, Cristóvão Botelho de Almeida, filho de Baltazar, despachava uma caravela carregada de açúcar para Portugal. Em começos de 1636, a tropa holandesa o incendiou. Em 1639 ainda estava arruinado. No ano anterior, em Lisboa, Cristóvão, declarando haver gasto sua fazenda na guerra e passar necessidade, apesar de ser "pessoa nobre e de qualidade", solicitava ser reembolsado do montante que o exército de resistência lhe ficara devendo de fornecimentos de víveres, de modo a retornar ao Brasil na armada do conde da Torre. El Rei

o nomeou fidalgo da Casa Real com os proventos correspondentes, inclusive pensão de 40 mil-réis; e concedeu-lhe o hábito da Ordem de Cristo. O engenho não é mencionado em 1655.[108]

7) NOVO, ENGENHO. Sem indicação de orago. Sito à margem esquerda do Camaragibe. Em fins de 1635, pertencendo a Cristóvão Botelho de Almeida, foi incendiado pelos holandeses com a outra fábrica do dono. "Arruinado" em 1639. Permaneceu provavelmente nesta condição, pois em 1655 não há menção à propriedade.[109]

8) BARTOLOMEU LINS DE ALMEIDA, ENGENHO DE. Invocação Bom Jesus, como registra Golijath. Sito à margem esquerda do Camaragibe. Engenho d'água. Fundado por Cristóvão Lins, já moía em 1593, pagando de pensão vinte arrobas de açúcar branco, encaixado e posto no passo. Incendiado pelos holandeses em 1636. Quando da ocupação, era seu proprietário Bartolomeu Lins, filho de Cristóvão, o qual, tendo se retirado para a Bahia, regressou a Pernambuco, readquirindo a propriedade em 1637, em sociedade com d. Adriana de Almeida Lins, sua mãe, e d. Jerônima de Almeida, sua sobrinha, pela quantia de 16 mil florins, em cinco prestações anuais. Em 1639 moía, com três partidos de lavradores que, com o partido da fazenda (doze), perfaziam 63 tarefas (3150 arrobas). Em 1645, Bartolomeu contratou com a WIC a encampação da sua dívida, altura em que devia a comerciantes particulares 37 146 florins. "A bolsa do Brasil" não critica o contrato, pois "d. Maria é rica e os seus dois fiadores podem ser aceitos como garantes daquela soma". Bartolomeu subornara as autoridades governamentais com 1,5 mil florins em dinheiro e 3 mil florins em ordens. Em 1655, continuava a moer "o engenho de Camaragibe, em que está d. Jácoma Lins".[110]

9) CRISTÓVÃO DIAS DELGADO, ENGENHO DE. Invocação São Cristóvão, como é designado por Markgraf e Golijath. Sito à margem direita do Getituba. Pagava de pensão trinta arrobas de açúcar branco, posto no passo de Porto Calvo. Em 1623, produzia 1280 arrobas de açúcar. Incendiado pelo exército holandês em janeiro de 1636, ocasião em que Cristóvão e um dos seus filhos foram mortos. Em 1644, Gaspar Correia Rego comprou-o por 8 mil florins em cinco prestações anuais. Ainda estava arruinado em 1655. Em 1663, Gaspar era devedor de 2352 florins à WIC.[111]

10) DOMINGOS GONÇALVES MAZAGÃO, ENGENHO DE. Também denominado Buenos Aires. Invocação Espírito Santo, como é designado por Markgraf e Golijath. Sito à margem esquerda do Camaragibe. Força motriz não identificada. Levantado por volta de 1590 por Cristóvão Lins, tendo sido provavelmente a primeira fábrica erguida em território alagoano. Pagava trinta arrobas de pensão. Em 1623, pertencia a João Lins. Produzia então 1134 arrobas. Em 1637, ainda é mencionado como pertencendo a João Lins, mas em 1639 a Domingos Gonçalves da Costa, o Mazagão (assim chamado por haver nascido na vila homônima do Marrocos). Dispunha de três partidos de lavradores, num total de 42 tarefas, sem partido da fazenda. O engenho foi destruído duas vezes pelos campanhistas. Em 1642, o conselheiro Bullestrate pernoitou no engenho, onde foi "muito bem recebido". Em 1644, Domingos Gonçalves, alegando ter o engenho capacidade para produzir 6 mil arrobas, só fabricando contudo 1,5 mil arrobas, pleiteou que a Companhia lhe fornecesse dez africanos, para pagá-los nos dois anos seguintes. Em 1645, o proprietário aderiu à insurreição. Em 1655, ainda moía. Em 1645 e 1663, Domingos era devedor de 626 florins à WIC.[112]

## Alagoas

1) NOSSA SENHORA DA AJUDA. Sito à margem direita do rio Mundaú. Engenho d'água. Fundado por volta de 1613, de quando datava sua capela. Pertencia a Sebastião Dias. Ocupado pelo exército da resistência em 1636. Estando arruinado, foi adquirido por Gabriel Soares por 30 mil florins, em seis prestações anuais. Repassado em 1638 aos irmãos François e Jacob Cloet, donde ser mencionado como o engenho dos Cloeten. François, comerciante, viera para o Brasil em 1636. Dispunha de três partidos de lavradores que forneciam 57 tarefas (2850 arrobas), sem partido da fazenda. Em 1643, devido às excursões dos campanhistas luso-brasileiros, só tinha a casa de purgar, pois "tudo mais está inteiramente arruinado". A situação ainda era a mesma em 1645 quando Gabriel Soares alegava que, não tendo sido pago pelos Cloeten, não poderia satisfazer suas obrigações com a WIC. O governo do Recife resolveu reintegrar Gabriel Soares na posse do engenho, devendo pagar a soma 27 225 florins, mais juros de mora, em prestações anuais de 5 mil florins. Em 1645 e 1663, Gabriel Soares devia 46 983 florins à Companhia. Em 1655, o engenho ainda estava a monte.[113]

2) NOSSA SENHORA DA ENCARNAÇÃO. Sito à margem esquerda do Mundaú. Força motriz não identificada. Pagava 2% de pensão. Fundado por Fernão Velho de Araújo, natural de Ponte do Lima (Minho). Em 1623, pertencia a seu genro, Antônio Martins Ribeiro, natural de Alhandra (Ribatejo), residente em Olinda ao menos desde 1609. O engenho produzia então trezentas arrobas. Seu proprietário permaneceu sob o domínio holandês. Moía em 1638, com dois partidos de lavradores e o partido da fazenda (dezesseis), num total de 41 tarefas. Provavelmente depredado pelas excursões campanhistas, fora

reparado em 1643 mas ainda não moía devido à falta de mão de obra escrava, embora fosse "bem provável que dos cinco engenhos [destruídos nas Alagoas] seja este o que primeiro moerá". Arruinado em 1655. Em 1663, Antônio Martins era devedor de 998 florins à WIC.[114]

3) LUCAS DE ABREU, ENGENHO DE. Invocação Santo Antônio. Sito à margem direita do Mundaú. Não consta a força motriz, mas a pensão de 4% leva a crer que se tratava de engenho d'água. Lucas de Abreu surge como proprietário de imóvel em Olinda no período *ante bellum*. Confiscado em 1637. Não encontrando comprador, a WIC procurou utilizá-lo. Em 1642-3, estava "inteiramente arruinado e incendiado e com os canaviais dominados pelo mato"; "somente está em pé a capela". Um dos seus melhores partidos fora ocupado indevidamente pelo capitão da aldeia de brasilianos, Heyndrick van Tassel, que procurava anexá-lo ao engenho de Nossa Senhora da Ajuda, transferindo os índios para suas cercanias. Em 1643, Gaspar Correia Rego propôs-se a adquirir "o engenho destruído de Abreu em Alagoas do norte, na condição de que, para esse fim, lhe serão fornecidos quarenta negros e algumas outras coisas pela Companhia, que ele pagará de volta em parcelas fixas". Desconhece-se decisão oficial sobre a proposta. Ainda a monte em 1655.[115]

4) NOVO, ENGENHO. Também denominado Salgado. Invocação Nossa Senhora do Rosário, como o designa Markgraf. Situado na margem esquerda do Paraíba. Força motriz não identificada. Moenda dupla. Não consta a pensão que pagava. Fundado, juntamente com o engenho Velho (Alagoa do Sul), por Diogo Soares da Cunha, na sesmaria que obtivera em 1591. Já safrejava em 1611. Quando da ocupação holandesa, pertencia ao filho, Gabriel Soares, que permaneceu à frente da propriedade. Em 1632, a tropa holandesa atacou-o, encontrando "algumas

caixas e umas mil fôrmas e vasilhas com açúcar, mas como não havia meios de levá-las de tão longe [...] incendiaram e destruíram o engenho e todas as casas adjacentes". Devia moer em 1639 com cinco partidos de lavradores, os quais, com o partido da fazenda (seis), perfaziam 95 tarefas. Em 1639, Gabriel Soares foi preso e trazido para o Recife sob a acusação de conspirar contra o domínio holandês, sendo condenado ao confisco de um terço dos seus bens. Solto sob fiança, ordenou-se "a restituição de todos os negros, animais ou outros bens que se separaram da sua propriedade ou que forem encontrados na propriedade de outra pessoa, mas quanto aos bens que não possam ser encontrados ou dos quais a propriedade não possa ser confirmada, ele terá de resignar-se". Era então "um belo e valioso engenho, que pode moer com duas moendas e conta com cerca de oitenta negros, setenta ou oitenta bois de carro, com largas terras para canaviais e todo o material de cobre e tachos". Incendiado por Luís Barbalho quando da marcha para a Bahia da tropa luso-brasileira que em 1640 desembarcara da armada do conde da Torre na baía de Touros. Em 1641, o governo do Recife atendia o requerimento de Gabriel Soares sobre a devolução de quatro escravos e prometia providenciar no tocante à sua reclamação relativa aos distúrbios causados pelo quilombo dos Palmares. Em 1642, Gabriel Soares mostrava-se pronto "a pôr o seu engenho em ordem e já começou a moer; espera tê-lo no ano próximo de todo restaurado. [...]. Faltam-lhe ainda alguns lavradores e negros". Mas em 1643, embora tivesse "provisão de canas [...] como a casa de moenda não está completa nem a casa de purgar coberta, adiou a moagem para o ano próximo". Moía em 1655. Em 1645 e 1663, Gabriel Soares devia 46 983 florins à WIC.[116]

5) VELHO, ENGENHO. Sem indicação de orago. Situado à margem norte da lagoa Manguaba. Engenho d'água. Fundado depois de 1609 por Diogo Soares da Cunha.

Em 1623, produzia 7397 arrobas. Quando da ocupação holandesa, fora vendido por Gabriel Soares a Domingos Rodrigues de Azevedo, que permaneceu na capitania. Em 1632, após o incêndio do engenho Novo (Alagoa do Sul), a tropa holandesa fez o mesmo no engenho Velho. Moía em 1639, com quatro partidos de lavradores, no total de cem tarefas (5 mil arrobas), sem partido da fazenda. Em 1642, uma fonte oficial o descreve como "um belo engenho" que caíra "em decadência por falta de lavradores e negros; destes, os que aí ainda se acham causam prejuízos com suas correrias, destruindo as roças dos moradores". Em 1643, faltavam-lhe "a casa de moenda e a roda d'água, mas o dono está serrando madeira para prepará-lo e pretende moer no ano próximo pois plantou canas para isso". A monte em 1655. Em 1663, Domingos Rodrigues de Azevedo era devedor de 17051 florins à WIC.[117]

6) SÃO MIGUEL. Sito à margem esquerda do rio São Miguel. Registra-o Golijath mas não Markgraf. Força motriz não identificada. Quando da ocupação holandesa, pertencia a Antônio Barbalho Feio, que antes de retirar-se o vendeu ao comerciante Maarten Meynderse. Embora suas terras fossem reputadas excelentes, não moeu em 1637 ou 1639; e em 1643, não "tem de pé senão a casa de purgar, as caldeiras de moenda e a mesma moenda". Não é mencionado em 1655.[118]

## II
### Capitania de Itamaracá

### Goiana

1) IPITANGA. Também chamado engenho Novo. Invocação Santo Antônio. Sito à margem direita do Capibaribe

Mirim. Engenho d'água, levantado em terras da sesmaria de Diogo Dias. Em 1609, pertencia a Antônio de Holanda de Vasconcelos, falecido em 1627. Em 1623, produzia 9,7 mil arrobas, pertencendo a Lourenço Cavalcanti, que se retirou em 1635. Confiscado e arrendado a Jan Wynants e a ele vendido em 1637 por 48 mil florins em prestações anuais de 6 mil florins. Moía em 1637 e 1639, com oito partidos de lavradores, no total de 189 tarefas (9450 arrobas), sem partido da fazenda. Em 1637, atacado por campanhistas luso-brasileiros, que queimaram "muita parte dos açúcares". Wynants fora comissário dos viveres da WIC, deixando o cargo para se tornar senhor de engenho e casando-se com filha de Luciano Brandão, senhor do engenho Nossa Senhora do Rosário (Abiaí-Tejucopapo-Araripe). Em 1636, Wynants obtivera autorização do governo do Recife para levantar um engenho de bois na ilha de Itamaracá, onde começou a cultivar cana. Dedicou-se também a outras atividades, obtendo "permissão para navegar para as salinas entre Rio Grande e Ceará, onde deseja pescar, secar o peixe e retornar com peixe e sal". Com a insurreição de 1645, recolheu-se ao Recife, onde faleceu cinco anos depois. O Ipitanga foi evacuado e incendiado em 1646, mas a casa-grande escapou do fogo. Em 1645, Wynants era devedor de 41140 florins à WIC; em 1663, seus herdeiros eram devedores de 47140 florins.[1]

2) CAPIBARIBE. Também chamado Três Paus. Invocação Nossa Senhora da Encarnação. Sito à margem direita do Capibaribe Mirim. Engenho d'água. Levantado em terras da sesmaria de Diogo Dias, provavelmente por Simão Soeiro. Pode ser o engenho mencionado em 1609 como pertencente a Antônio Dias. Pertencia em 1623 a Jerônimo Cavalcanti, produzindo 5327 arrobas. Incendiado em 1633 pela tropa holandesa. Tendo seu proprietário se retirado, foi confiscado e vendido em 1637 a Servaes Carpentier, alto funcionário do Brasil holandês, junta-

mente com o engenho Mussumbu, também pertencente a Lourenço Cavalcanti, ambos por 60 mil florins, em prestações anuais de 10 mil florins. O Capibaribe moía em 1637 e 1639, com seis partidos de lavradores que, com o partido da fazenda (doze), somavam 162 tarefas (8,1 mil arrobas). Em 1639, Servaes Carpentier começara a construir outro engenho na freguesia. É possível que se tratasse do engenho que, com o nome de Nassau, foi registrado por Golijath, sem que, contudo, se disponha de qualquer outra informação a respeito. Carpentier faleceu em 1645. O Capibaribe foi evacuado e incendiado em 1646. Em 1645, a dívida de Carpentier com a WIC montava a 159 429 florins; e em 1663, seus herdeiros ainda deviam 97,5 mil florins. Àquela altura, Gaspar Carpentier apresentou suas pretensões de ressarcimento à Coroa portuguesa.[2]

3) GOIANA. Invocação São Felipe e Santiago. Sito à margem esquerda do rio Capibaribe Mirim. Engenho d'água. Fundado em terras da sesmaria de Diogo Dias. Em 1593-5, pertencia a Antônio Cavalcanti, filho de Felipe Cavalcanti. Em 1623, produzia 12 487 arrobas. Vendido a Gaspar Pacheco, comerciante no Reino, que teria adquirido também outro engenho, não identificado, na mesma freguesia. Saqueado em 1633. Confiscado e vendido em 1637 a Hans Willem Louisen, sargento-mor dos índios, juntamente com os engenhos Jacaré e Copissura, por 77 mil florins em sete prestações anuais. Moía em 1637 e 1639, mas, tendo de regressar à Holanda, Louisen o repassou ao comerciante Joost van den Bogaert, que chegara ao Brasil em 1635, após haver servido na Nova Nederlândia, atual Nova York. Dispunha do partido da fazenda e de nove partidos de lavradores, no total de 150 tarefas (7,5 mil arrobas). Em 1641, Michiel Hendricks, procurador de Bogaert, "concordou em pagar por Hans Willem Louisen a soma de 92 095 florins,

ficando por isso empenhados os ditos engenhos e terras, mas nenhum pagamento foi feito". Posteriormente adquirido por Jorge Homem Pinto, senhor de engenho na Paraíba. Evacuado em 1646: o incêndio só poupou metade da casa de purgar, a capela e algumas construções. Em 1663, Hendricks ainda era devedor da quantia acima mencionada.[3]

4) JACARÉ. Invocação Santa Cruz. Sito à margem esquerda do Capibaribe Mirim. Engenho d'água. Levantado em terras da sesmaria de João Dourado. Em 1605, pertencia a Gaspar de Figueiredo Homem, nomeado ouvidor geral do Brasil em 1592. Em 1609, o engenho aparece sob o nome de Luís de Figueiredo, provavelmente seu herdeiro; e em 1623 novamente sob o nome de Gaspar. Produzia então 5979 arrobas. Antes da ocupação holandesa, foi adquirido por João Pais Barreto, 1º morgado do Cabo, mas em 1633 já estava abandonado. Confiscado e vendido em 1637 ao sargento-mor dos índios, Hans Willem Louisen, juntamente com os engenhos Goiana e Copissura por 77 mil florins, em sete prestações. Em 1637, não moía; e em 1639 era dado como pertencente a Joost van den Bogaert, continuando sem safrejar mas levando suas canas a moer no engenho Goiana. Evacuado em 1646. Após a restauração pernambucana, vendido por d. João de Sousa, herdeiro do morgado, a João Fernandes Vieira, que o revendeu a Domingos Dias de Punha.[4]

5) TRACUNHAÉM DE BAIXO. Posteriormente conhecido por Japomim. Invocação São Miguel Arcanjo. Sito à margem direita do Tracunhaém. Sem indicação da força motriz. Levantado por Miguel Álvares de Paiva em terras da sua sesmaria. Em 1592, havia ali uma aldeia de índios administrada pelos franciscanos. Em 1609, pertencia a Simão e Diogo de Paiva, filhos do fundador, sendo que Diogo fora ouvidor da capitania de Itamaracá. Em 1623,

é listado como pertencente apenas a Diogo de Paiva, produzindo 7621 arrobas. Quando da ocupação holandesa, pertencia a Rui Vaz Pinto, genro de Simão de Paiva, o qual permaneceu na propriedade. O engenho não moeu nem em 1637 nem em 1639. Evacuado em 1646.[5]

6) MARIÚNA. Markgraf o registra como Espírito Santo. Sito à margem direita do Capibaribe Mirim. Engenho de bois. Fundado por Miguel Álvares de Paiva em terras da sua sesmaria. Moía em 1602. Em 1623, pertencia a Francisco Homem de Almeida, produzindo 1256 arrobas. Confiscado devido à retirada do proprietário. Em 1638 pertencia a Joost van den Bogaert. Em 1643, Johannes Listry, declarando-se proprietário de uma data de terra em Goiana chamada Mariúna, "onde anteriormente existira um engenho que há muito está em ruínas", propunha-se reconstruí-lo, caso lhe fosse concedida a liberdade de dez anos prevista pela legislação portuguesa. Evacuado em 1646. Em 1663, Gerard van Hettelinge, procurador de Listry, que então residia na ilha de Guadalupe (Antilhas), apresentava suas reivindicações a ressarcimento pela Coroa portuguesa.[6]

7) MUSSUMBU. Também conhecido por Tracunhaém de Cima. Invocação Nossa Senhora do Rosário. Sito à margem esquerda do Tracunhaém. Engenho de bois. Levantado em terras da sesmaria de Diogo Dias por Jerônimo Cavalcanti. Saqueado pela tropa holandesa em 1633. Havendo Jerônimo Cavalcanti se retirado, em 1637 foi confiscado e vendido, juntamente com outro engenho seu, ao conselheiro político Servaes Carpentier, ambos por 60 mil florins, em seis prestações anuais. Moía em 1637 e 1639 com cinco partidos de lavradores que, com o partido da fazenda (cinco), perfaziam 140 tarefas (4,9 mil arrobas). Evacuado em 1646, ficando de pé apenas a casa de purgar. Em 1663, Carpentier era devedor de 97 500 florins à WIC.[7]

8) SANTOS COSME E DAMIÃO. Também conhecido por Catu. Sito à margem direita do Capibaribe Mirim. Engenho d'água. Em 1623, pertencia a Cosmo da Silveira, genro de Felipe Cavalcanti, produzindo 4550 arrobas. Seu proprietário retirou-se em 1635. Confiscado e vendido em 1637, juntamente com o engenho Bujari, a Helmech Fereres por 28 mil florins em cinco prestações. Fereres o revendeu com o Bujari a David van Kessel. Em 1639 ainda não moía. Evacuado em 1646. Em 1663, Fereres era devedor de 38 mil florins à WIC.[8]

9) BUJARI. Invocação Nossa Senhora da Boa Vista. Sito à margem direita do Tracunhaém. Engenho d'água. Começou a ser levantado por Diogo Dias e seu filho Boaventura Dias na segunda metade do século XVI, mas um ataque indígena inviabilizou o projeto. Refundado por Felipe Cavalcanti entre 1585 e 1595. Em 1609 e 1623, pertencia a seu filho Antônio Cavalcanti. Em 1623, o Bujari produzia 6470 arrobas. Posteriormente passou ao filho de Antônio, Jerônimo Cavalcanti. O Bujari foi incendiado em 1633 pela tropa holandesa e abandonado pelo dono em 1635. Confiscado e vendido em 1637, juntamente com o engenho Santos Cosme e Damião (Goiana) e com uma data de terra que fora também de Antônio Cavalcanti, situada entre ambos os engenhos, a Helmech Fereres por 28 mil florins, em cinco prestações anuais. Fereres os revendeu a David van Kessel. Não havendo moído em 1637, devia fazê-lo em 1639, com cinco partidos de lavradores que, somados ao partido da fazenda (dez), totalizavam 68 tarefas (3,4 mil arrobas). Em 1645, Van Kessel era devedor de 38 mil florins à WIC. Evacuado e incendiado em 1646. Van Kessel residia no Recife em 1648, quando foi designado escolteto da Cidade Maurícia.[9]

## Abiaí-Tejucopapo-Araripe

1) COPISSURA. Sem indicação de orago. Sito à margem direita do riacho homônimo. Sem indicação da força motriz. Moía em 1609, pertencendo a Jerônimo Rodrigues, comerciante de açúcar. Em 1623, o engenho de Jorge Rodrigues produzia 3552 arrobas. Quando da ocupação holandesa, pertencia a certa d. Brites, provavelmente viúva de Jerônimo ou Jorge Rodrigues, mas estava "há muitos anos de fogo morto e as suas terras são somente próprias para pasto". Em 1637, as "terras de Copissura" com o gado nelas existente foram vendidas ao sargento-mor dos índios, Hans Willem Louisen, juntamente com os engenhos de Goiana e Jacaré, por 77 mil florins em sete prestações anuais. Em 1638, de regresso à Holanda, Louisen repassou o Copissura e os dois outros engenhos a Joost van den Bogaert. Em 1639, "todo arruinado [...] não moerá". Evacuado em 1646.[10]

2) TAPU. Sem indicação de orago. Sito à margem da lagoa de Abiaí. Engenho de bois. Quando da ocupação holandesa, pertencia a Cosmo de Oliveira, que permaneceu à sua frente. Moía em 1637 e 1639, com quatro partidos de lavradores, no total de cinquenta tarefas (1750 arrobas), sem partido da fazenda. Incendiado e evacuado em 1646.[11]

3) NOSSA SENHORA DO ROSÁRIO. Sito à margem esquerda do Goiana. Engenho de bois. Pertencia em 1623 a Luciano Brandão, produzindo 2244 arrobas. Em 1634, a tropa holandesa atacou o engenho, apresando trezendos pães de açúcar e prendendo o proprietário. Luciano Brandão permaneceu sob o domínio holandês. Moía em 1637 e 1639, com quatro partidos de lavradores que, com o partido da fazenda (trinta), perfaziam 120 tarefas (4,2 mil arrobas). Evacuado e incendiado em 1646.[12]

4) NOSSA SENHORA DA PENHA DE FRANÇA. Sito entre a lagoa Abiaí e o mar. Trata-se provavelmente do engenho que aparece em Golijath sob a denominação de Taquara. Engenho de bois. Em 1623, pertencia a Baltasar Rodrigues Mendes, produzindo 1660 arrobas. Atacado em 1634 por tropa holandesa, que prendeu o proprietário, falecido pouco depois, uma vez que em 1637 o engenho pertencia à viúva, Isabel Cabral. Moía em 1637 e 1638, com cinco partidos de lavradores, no total de 77 tarefas (2695 arrobas), sem partido da fazenda. Evacuado em 1646. Em 1663, Isabel Cabral era devedora de 358 florins à WIC.[13]

5) NOSSA SENHORA DO ROSÁRIO. Sito entre a lagoa Abiaí e o mar. O engenho (não confundir com o homônimo situado na mesma freguesia) é provavelmente o que Golijath registrou sob a denominação de Pitimbu. Fundado após 1623. Engenho de bois. É possível que fosse o engenho mencionado em 1609 como pertencente a Álvaro Lopes. Quando da ocupação, pertencia a Antônio da Costa de Freitas, que permaneceu sob o domínio holandês. Moía em 1637 e 1639, com seis partidos de lavradores que perfaziam 74 tarefas (2590 arrobas), sem partido da fazenda. Em 1644, falecido o proprietário, o engenho passou à viúva, Felipa Lopes, que expunha ao governo do Recife que "ela pode apontar o engenho para moagem, desde que nenhum dos seus credores tente receber açúcar antes que estejam completamente pagas as despesas incorridas para este fim", a serem custeadas pela WIC, que, portanto, teria preferência na entrega do açúcar. A proposta foi aceita, com o assentimento dos credores, que exigiram apenas que representante seu tivesse acesso anualmente à contabilidade do engenho. O filho da proprietária, Antônio de Almeida, e o lavrador Gonçalo Diogo Vaz foram encarregados de pôr o engenho a moer. Evacuado em 1646, poupando-se os roçados mas não as árvo-

res de fruta. Em 1663, Antônio da Costa de Freitas era devedor de 1296 florins à WIC.[14]

6) SÃO JOÃO BATISTA. Sito ao norte da lagoa Abiaí, é provavelmente o engenho que aparece em Golijath sob a denominação de Auray ou Abiaí. Engenho de bois, pertencente a Diogo da Fonseca Lemos, moía em 1637 e 1639, com quatro partidos de lavradores que, somados ao partido da fazenda (quatro), perfaziam 56 tarefas (1960 arrobas). Em 1645, o dono fez acordo com a WIC pelo qual ela encampou suas dívidas a particulares no montante de 43 840 florins a pagar nos três anos seguintes. "A bolsa do Brasil" critica o contrato por se tratar de proprietário de "um engenho arruinado, de terras más, e [que] por fábrica tem apenas uma negra. É um homem paupérrimo e seus fiadores, com exceção de Francisco Carvalho, nada têm". Diogo da Fonseca Lemos teria subornado as autoridades holandesas com 7,5 mil florins. O engenho foi evacuado em 1646, estando de pé as caldeiras e, na casa de purgar, doze caixas de açúcar. Em 1663, Diogo da Fonseca Lemos era devedor de 43 840 florins à WIC. Após a restauração, foi adquirido por João Fernandes Vieira, que o revendeu por 30 mil cruzados a Francisco Dourado Siqueira.[15]

7) MASSARANDUBA. Sem indicação de orago. Sito à margem oeste do riacho homônimo. Engenho de bois. Fundado depois de 1623, pertencia a Diogo Lopes Lobo e Domingos Pinto da Fonseca, que permaneceram sob o domínio holandês. Em 1632, incendiado por tropa holandesa. Moía em 1637. Em 1639, é dado como pertencente a N. Broets, com cinco partidos de lavradores que, com o partido da fazenda (oito), perfaziam 82 tarefas (2870 arrobas). Evacuado em 1646.[16]

8) BIAPECU. Invocação Santo Amaro. Sito entre os riachos Biapecu e Tejucopapo. Engenho de bois. Em 1623,

pertencia a Baltazar Rodrigues Mendes, produzindo 1660 arrobas. Em 1632, foi incendiado pela tropa holandesa. Em 1637, pertencia aos herdeiros, os quais haviam permanecido sob o domínio holandês. O engenho, porém, não devia "moer jamais porque não tem terras próprias". O relatório de Van der Dussen (n. 143) registra outro engenho nas cercanias com o mesmo nome, pertencente a Martim Lopes, como estando "todo arruinado". Trata-se possivelmente de dupla contagem. Em 1639, pertencia a Maria de Oliveira. Moía com três partidos de lavradores, no total de 51 tarefas (1785 arrobas), sem partido da fazenda. Evacuado em 1646. Em 1663, Maria de Oliveira era devedora de 36 653 florins à WIC.[17]

9) OBU. Sem indicação de orago. Sito à margem esquerda do riacho homônimo. Engenho d'água, foi provavelmente levantado por André da Rocha, que em 1623 nele produzia 3535 arrobas. Quando da ocupação holandesa, pertencia a Francisco de Lugo Brito, que permaneceu na propriedade. Não moeu nem em 1637 nem em 1639. Foi o cenário do assassinato do capelão Francisco Nunes de Elvas pelo conselheiro político Hendrick Schilt, desejoso de se apossar da prata da capela. Evacuado em 1646. Em 1663, Francisco de Lugo Brito aparece, com Jan Wynants, como devedor de 68 mil florins à WIC.[18]

10) ARARIPE DE BAIXO. Invocação Bom Jesus. Sito à margem esquerda do Araripe. Sem indicação da força motriz. Em 1609, surge como proprietário de engenho em Araripe o comerciante de açúcar Duarte Ximenes, cavaleiro fidalgo da Casa Real, que residia em Olinda ao menos desde 1600 e que era aparentado com a família de mercadores cristãos-novos, os Ximenes de Aragão. Em 1623, o engenho produzia 3608 arrobas. Duarte já era então devedor à Coroa da soma de 10 mil cruzados relativos à cobrança do dízimo, de que fora contratador ao tempo

do governador-geral d. Luís de Sousa (1617-1621). Posteriormente, Duarte vendeu o Araripe de Baixo a Gaspar Caminha, que, ao se retirar para o Reino ao tempo da invasão holandesa, revendeu-o a Francisco Lopes de Orosco (que já possuía nas redondezas o engenho Velho) por 30 mil cruzados, soma que o comprador não satisfez. Moía em 1637 e 1639, com seis lavradores que, com o partido da fazenda (dez), totalizavam 64 tarefas. Em 1643, Antônio Fernandes Caminha, filho de Gaspar Caminha, propôs acordo ao governo do Recife, uma vez que, na ausência de Gaspar Caminha e de seus herdeiros e face à inadimplência de Francisco Lopes, a WIC tinha direito ao engenho. Fechou-se o trato pelo qual o total da dívida (105 mil florins) seria reduzido a 46 mil florins, a ser pago à WIC por Antônio Fernandes em oito prestações anuais a partir de janeiro de 1645. Por sua vez, Antônio Fernandes executaria Francisco Lopes. Ignora-se o desfecho do litígio. Em 1646, o engenho foi evacuado. Em 1663, Francisco Lopes Disinero (sic) era devedor de 3493 florins à WIC; e Antônio Fernandes Caminha, de 52089 florins.[19]

11) HAARLEM. Sem indicação de orago. Situado na ilha de Itamaracá. Engenho de bois. Na ilha, haviam existido duas fábricas antes da ocupação holandesa, uma delas pertencente em 1593 a Bento de Aguiar. De ambas, sobreviviam em 1636 poucos vestígios. Naquele ano, Jan Wynants plantava cana em partido arrendado à WIC, no propósito de construir um engenho de bois. Alegando que se lhe tinha cedido a metade da ilha, o governo do Recife pôs em causa seu direito, uma vez que as autoridades anteriores não tinham competência para tal. Em seu favor, Wynants invocou a prática da Coroa portuguesa de doar sesmarias aos povoadores. Chegou-se finalmente a acordo pelo qual se lhe daria parte da data de terra originalmente atribuída, ao preço de 12 mil florins em quatro prestações anuais. O projeto de Wynants não se consumou. É plausí-

vel que tenha repassado o partido a Pieter Seulyn de Jonge, que em 1638 e 1639 arrematou os contratos de cobrança dos impostos da capitania de Itamaracá e que construiu a fábrica que chamou de Haarlem, seguramente sua cidade natal na Holanda. O engenho moía em 1639. Golijath o representa com sua casa de vivenda, moita e senzala. Em 1645, Pieter Seulyn era devedor de 42 543 florins à WIC.[20]

12) VELHO, ENGENHO. Invocação Nossa Senhora do Ó. Força motriz não identificada. Em 1637, pertencia a Francisco Lopes de Orosco, mas estava "há muitos anos de fogo morto". O "Breve discurso" não refere um engenho Velho em Araripe mas o engenho Araripe de Cima, "pertencente a Francisco Lopes de Orosco", cuja fábrica moía em 1637. Markgraf registra o Araripe de Cima e o engenho Velho como dois engenhos distintos. Sugeriu J. A. Gonsalves de Mello que teria havido equívoco da parte de Van der Dussen e que, na verdade, "o engenho Velho seria o Araripe de Baixo". Contudo, o mapa de Golijath registra ambos os Araripes e o Velho como três engenhos distintos. Em 1645, Francisco Lopes aderiu à insurreição. Evacuado em 1646.[21]

13) TRAPICHE. Sito na ilha de Itamaracá. Em 1639, achava-se destruído mas seu proprietário, Pieter Seulyn de Jonge, tratava de reconstruí-lo. Com efeito, o governo do Recife e o conselheiro Michiel van Goch referem-se a este segundo engenho que De Jonge possuía na ilha. Registra-o igualmente Golijath.[22]

### III
### Capitania da Paraíba

1) BARREIRAS. Sem indicação de orago. Sito à margem direita do Paraíba, nas vizinhanças da cidade da Paraí-

ba. Engenho d'água. Em 1609, pertencia a Gaspar Carneiro, escrivão e depois provedor da Fazenda dos Defuntos e Ausentes de Pernambuco e Itamaracá (1584), e posteriormente provedor da Fazenda dos Defuntos e Ausentes da Guiné e Brasil em Lisboa; e irmão de Francisco Carneiro, um dos altos funcionários da Casa dos Contos. Em 1623, pertencia a Domingos Carneiro Sanches, provavelmente herdeiro de Gaspar. Produzia então 3590 arrobas. Em 1634, às vésperas da rendição da Paraíba, o proprietário vendeu um dos partidos de cana ao mosteiro de São Bento. Em 1635 estava "destruído e sem poder moer". Havendo Domingos Carneiro viajado a Portugal, foi confiscado e vendido em 1637 a Josias Marischal por 27 mil florins. Marischal, mercador em Amsterdã, chegara ao Brasil naquele mesmo ano. Safrejou em 1637 e 1639, contando com 75 tarefas (3750 arrobas), das quais vinte correspondiam ao partido da fazenda, quinze a partido de lavrador e quarenta aos beneditinos. Em 1640, Vidal de Negreiros e seus campanhistas atacaram o engenho, o que resultou na morte de Marischal. No mesmo ano, o clero católico secular solicitou ao governo do Recife que, como os lucros do engenho Mussurepe fossem insuficientes para sustentá-lo, se lhe concedesse também "certo partido [...] que pertenceu aos monges de São Bento e que foi arrendado ao engenho da viúva Marischal", tanto mais que, por procuração dos frades a Gaspar Dias Ferreira, os escravos da Ordem haviam sido retirados. O pedido foi aprovado sob a condição de os requerentes respeitarem o contrato com o engenho, continuando a moer ali as canas do partido. Àquela altura, a viúva Marischal propusera adquirir o partido por 10 mil florins. Em 1644, ela voltou ao assunto, solicitando que, caso não se atendesse sua reivindicação, o partido fosse restituído à WIC, desde que esta a indenizasse pelos gastos de mais de 6 mil florins que nele fizera. A viúva solicitou por fim que, como a WIC vendera a seu marido por 10 mil florins, juntamente com o engenho, um partido de cana que Jorge Homem Pinto pleiteava sob a alegação de que fazia parte do engenho Tiberi-Santa Catarina, fosse o partido anexado ao Barreiras, como previsto na escritura de compra. O Conselho de Justiça aparentemente aprovou esta última solicitação. Em 1645, a viúva de Marischal era devedora de 39 208 florins à WIC. Evacuado em 1646. Em 1663, ela formulava suas pretensões a ressarcimento pela Coroa portuguesa. Devia então à WIC o montante de 37 mil florins, embora na realidade fosse "devedor[a] de maior quantia".[1]

2) TIBERI-SANTA CATARINA. Também chamado Tiberi de Cima. Sito à margem direita do rio homônimo. Engenho d'água, moía em 1609, pertencendo a João da Paz, mercador em Olinda. Em 1623, pertencia a Domingos Fernandes, produzindo 3824 arrobas. Quando da ocupação, pertencia a Jorge Homem Pinto (que em 1613 era alferes na fortaleza do Cabedelo), o qual ficou à frente da propriedade. Moía em 1635 e nos anos seguintes, sendo que em 1638 com quatro partidos de lavradores no total de cem tarefas (5 mil arrobas), sem partido da fazenda. Em 1642, Jorge Homem Pinto já era devedor de 284 137 florins à WIC e a 41 outros credores. Em 1642 e 1645, ele assinou dois contratos de encampação da sua dívida pela WIC. Segundo "A bolsa do Brasil",

> pelo primeiro contrato cabia à Companhia a quantia de 340 403 florins e seis stuivers que foram pagos; e pelo segundo a quantia de 937 997 florins e doze stuivers, ao todo 1 278,4 milhão de florins e dezenove stuivers. O pagamento estipulado no primeiro contrato devia ser efetuado (e assim se fez) antes de começar a vigorar o segundo. O primeiro contrato terminou em 1645 e o segundo tem de ser cumprido nos seis anos seguintes. O contratante tem muitos engenhos, os seus fiadores

são abonados, mas a soma, atenta à sua importância, é excessiva em metade. Ele trouxe consigo da Paraíba 27 mil florins em joias [...] pertencentes a ele e aos seus lavradores e fez presente desta quantia tanto em espécie como em dinheiro e de mais 23 mil florins em ordens. Alguns dizem que ele deu ainda mais.

Frei Manuel Calado também registrara a versão aludindo a 20 mil cruzados. O engenho foi evacuado em 1646. Em 1663, Jorge Homem Pinto, o maior devedor da WIC, respondia pelo montante de 1 245 160 florins. Em 1676, João Fernandes Vieira comprou o engenho aos seus herdeiros.[2]

3) TIBERI-SANTIAGO. Também chamado Tiberi de Baixo. Sito à margem direita do Tiberi. Engenho d'água. Por iniciativa da Coroa, foi o primeiro engenho construído na Paraíba (1587). Quando da ocupação holandesa, seu dono, Manuel Quaresma Carneiro, o senhoriava pelo menos desde 1618. Não pôde ser identificado na relação de 1623. Tendo participado da defesa da Paraíba em 1634, o dono retirou-se após a perda da cidade. Em 1635, o engenho não podia moer, pois "levaram os tachos e os negros fugiram". Confiscado e vendido em 1637 aos irmãos Daniel e Nicolaas de Haen, mercadores de Amsterdã, e Paulus Vermeulen, por 37 mil florins, em seis prestações anuais. Logo depois revendido a Jorge Homem Pinto. Ainda não moía em 1639, nem tinha partido da fazenda, embora dispusesse de seis partidos de lavradores (entre eles o diretor da Paraíba, o poeta Elias Herckmans), no total de 147 tarefas (7350 arrobas), moídas em outro engenho de Jorge Homem Pinto. De 1638 a 1640, Daniel de Haen dedicou-se ao negócio de captura de gado alçado ao sul do rio São Francisco, sendo morto pelos luso-brasileiros após a insurreição de 1645 apesar de ter passaporte que o autorizara a ficar na

terra. Evacuado em 1646. Comprado em 1679 por João Fernandes Vieira ao dr. Luís Sanches de Baena, provável herdeiro de Manuel Quaresma Carneiro.[3]

4) SANTO ANDRÉ. Sito à margem direita do Paraíba. Engenho d'água. Reputado um dos principais da capitania. Fundado por volta de 1590 por Diogo Nunes Correia em parceria com seu irmão Henrique Nunes Correia, mercador em Lisboa. Em 1594, Diogo identificou-se ao Santo Ofício como "lavrador e senhor de engenho na Paraíba, moente e corrente, e de outro que se está acabando", também em parceria com Henrique. Tendo este último lhe recomendado "liquidar o negócio", Diogo o fez, na altura em que outro irmão seu, João Nunes Correia, mercador em Olinda, era processado pela Inquisição. Em 1616, o proprietário do Santo André era Lopo de Abreu, plausivelmente o Lopo do Barco mencionado na relação de 1609. Em 1583, Lopo vivia como mercador em Olinda e em 1600 foi feitor e procurador dos contratadores das rendas das alfândegas do Reino. Em 1623, o engenho pertencia a João Rabelo de Lima, que fora governador da Paraíba, produzindo 6078 arrobas. Em 1635, moía sob a supervisão do feitor, que tinha pretensões sobre a propriedade. Na ausência do proprietário, confiscado e vendido a Jorge Homem Pinto. Moía em 1637 e em 1639, quando dispunha de três partidos de lavradores, que forneciam 140 tarefas (7 mil arrobas), sem partido da fazenda. Em 1640, seus canaviais foram incendiados por Vidal de Negreiros, exceto o partido do padre Manuel Pais. Evacuado em 1646. Adquirido posteriormente por João Fernandes Vieira.[4]

5) JERÔNIMO CADENA, ENGENHO DE. Invocação São João Batista. Sito à margem direita do Paraíba. Engenho d'água. Em 1617, adquirido a crédito por 35 mil cruzados a Diogo Castro do Rio por Pedro Cadena de Vilha-

sante, escrivão da fazenda, alfândega e almoxarifado da Paraíba, governador da capitania e provedor da Fazenda Real em Pernambuco. Em 1621, Pedro Cadena solicitava uma data de terras donde pudesse tirar a madeira indispensável ao manejo do engenho. Em 1623, produzia 5 mil arrobas. O dono seguiu posteriormente para Portugal, confiando o engenho ao irmão, Jerônimo Cadena de Vilhasante, que o geria quando da ocupação e que permaneceu sob o domínio holandês. O engenho, inicialmente confiscado, foi deixado na posse de Jerônimo, que alegou ser cossenhor. Pedro Cadena achava-se então na Bahia, exercendo o cargo de provedor-mor do Estado do Brasil. Não moía em 1635 mas o fez em 1637 e em 1639, dispondo de cinco partidos de lavradores cuja produção, somada à do partido da fazenda (cinquenta), perfazia 157 tarefas (7850 arrobas). Em 1639, Pedro Cadena recorria à Coroa para não ser executado, enquanto durasse a ocupação holandesa, pela dívida que contraíra para comprar o engenho. Em 1640, os canaviais foram incendiados por Vidal de Negreiros. Em 1645, Jerônimo Cadena era devedor à WIC e a particulares do total de 215 724 florins, que pelo contrato de encampação com a Companhia deveria pagar nos três anos seguintes, a contar de agosto daquele ano. Consoante "A bolsa do Brasil", "a quantia é muito considerável para o contratante e os seus fiadores, posto que eles disponham de alguma riqueza na terra". Jerônimo, que teria subornado as autoridades do Recife com 18 mil florins em dinheiro e ordens, aderiu à insurreição de 1645. O engenho foi evacuado em 1646. Em 1663, Jerônimo Cadena era devedor de 215 692 florins à WIC.[5]

6) TRÊS REIS. Sito à margem direita do Paraíba. Engenho d'água. Em 1609, pertencia a Jorge Camelo, que por volta de 1590, como ouvidor de Pernambuco e cavaleiro fidalgo da Casa Real, fora senhor de engenho em Igara-

çu. Em 1617, pertencia a seu filho, Francisco Camelo de Valcárcer; e em 1623, produzia 5,5 mil arrobas. Francisco Camelo recebeu em 1602 uma sesmaria no Gramame, lindeira às terras do engenho; e tendo sido ouvidor da Paraíba (1605-7), permaneceu sob o domínio holandês. O engenho moía em 1637 e 1638, com quatro partidos de lavradores, no total de 115 tarefas (5750 arrobas), sem partido da fazenda. Em 1640, seus canaviais foram incendiados por Vidal de Negreiros, exceto o partido de Luís Mendes. Em 1645, Francisco Camelo contratou com a WIC a encampação da sua dívida, a pagar em três anos, no total de 160 205 florins, dos quais 10 325 florins eram devidos à Companhia e 149 879 florins a particulares. "A bolsa do Brasil" reconhece que "seus fiadores são abastados" mas aduz que Francisco Camelo subornara com 15 mil florins em dinheiro e em ordens as autoridades do Recife. Quando da insurreição luso-brasileira, o engenho foi fortificado com "uma cerca de pau a pique e com sessenta homens para sua defesa". Evacuado em 1646. Em 1663, Francisco Camelo era devedor de 160 425 florins à WIC.[6]

7) ESPÍRITO SANTO. Sito à margem direita do Paraíba. Engenho d'água. Fundou-o Afonso Neto antes de 1593, o qual ainda o possuía em 1609. Em 1623, Manuel Pires Correia era proprietário do engenho, que produzia 6140 arrobas. Com a conquista da capitania em 1634, Manuel Pires retirou-se. Confiscado o engenho, o conselheiro Ippo Eyssens o fazia moer em 1635, quando foi surpreendido pelo ataque de campanhistas no qual perdeu a vida. Em 1637, moente, foi vendido a Jan e Cornelis van Olen, mercadores de Roterdã, juntamente com o Santo Antônio, ambos por 97,6 mil florins, a serem pagos em seis prestações anuais. Em 1639 os Van Olen repassaram ambas as propriedades a Menso Fransen, comerciante da Frísia. Contava então com três partidos de lavradores

no total de 123 tarefas (6150 arrobas), sem partido da fazenda. Evacuado em 1646.[7]

8) SANTO ANTÔNIO. Rebatizado Dussen. Sito à margem esquerda do Paraíba. Engenho de bois. Levantado após 1623 por Manuel Pires Correia. Confiscado e revendido a Jan e Cornelis van Olen, juntamente com o Espírito Santo (Paraíba), que também pertencera a Manuel Pires Correia, ambos ao preço de 97,6 mil florins em seis prestações anuais de 16 266 florins. Moía em 1637 e 1639, com três partidos de lavradores e com o partido da fazenda (55), num total de 165 tarefas (5775 arrobas). Os irmãos Olen repassaram-no em 1638 a Jan Cornelisz Jongeneel, filho de comerciante de Roterdã e acionista da WIC. Jongeneel foi comissário da Companhia na Paraíba, função de que se desligou em 1637. Jongeneel rebatizou o engenho em homenagem ao irmão da madrasta, Adriaan van der Dussen, membro do Alto Governo do Brasil holandês. Em 1640, seus canaviais foram incendiados por Vidal de Negreiros, exceto os partidos de Damião Afonso e Antônio Fernandes. Em 1644, Jongeneel, na condição de lavrador de um dos engenhos de Jorge Homem Pinto, assinou contrato de encampação das dívidas com o governo do Recife, uma vez que devia então a particulares a quantia de 39 474 florins. Embora só apresentasse um único fiador, subornara a autoridade holandesa com "um cavalo do valor de oitocentos florins". Evacuado em 1646. Em 1647, Jongeneel vivia no Recife. Em 1663, Jan e Cornelis van Olen deviam 29 163 florins por conta da aquisição dos dois engenhos.[8]

9) SANTO ANTÔNIO. Também chamado Itapoá. Sito à margem do riacho homônimo, era o engenho mais ocidental da capitania. Engenho de bois, já safrejava em 1609, pertencendo a Antônio de Valadares, que participara da conquista da Paraíba. Não foi identificado na relação de

1623. O dono permaneceu sob o domínio holandês. Moía de 1635 a 1639, com quatro partidos de lavradores, no total de 119 tarefas (4165 arrobas), sem partido da fazenda. Em 1640, seus canaviais foram incendiados por Vidal de Negreiros. Adquirido por Jorge Homem Pinto posteriormente a 1640. Evacuado em 1646.[9]

10) SANTA LUZIA. Sito à margem direita do riacho Una. Engenho d'água (de bois, segundo outras fontes). Em 1623, pertencia a João do Souto, produzindo 4570 arrobas. Após a conquista da Paraíba (1634), o proprietário ficou à frente do engenho. Moía em 1637 e 1639, com três partidos de lavradores que forneciam, juntamente com o partido da fazenda (quinze), o total de noventa tarefas (4,5 mil arrobas). Em 1638, João do Souto esteve preso sob a acusação de haver participado de alegada conjura contra o domínio holandês. Em 1640, os canaviais foram incendiados por Vidal de Negreiros. Evacuado em 1646.[10]

11) NOSSA SENHORA DE GUADALUPE. Sito à margem direita do Paraíba. Engenho de bois. O relatório de Van der Dussen o omitiu, mas J. A. Gonsalves de Mello pôde identificá-lo graças ao "Breve discurso" e aos mapas de Markgraf e Golijath. Pertencia em 1623 a André da Rocha, produzindo 1420 arrobas. Quando da ocupação holandesa, pertencia à viúva, Brásia Rodrigues, e filhos, que permaneceram no Brasil holandês mas venderam o engenho a Manuel Correia Pestana. Moía em 1637. Em 1640, seus canaviais foram incendiados por Vidal de Negreiros, exceto o partido de Manuel Vaz. Adquirido por Jorge Homem Pinto posteriormente a 1640. Evacuado em 1646. Em 1645 e 1663, Manuel Correia Pestana devia 1958 florins à WIC.[11]

12) SANTIAGO MAIOR. Sito à margem esquerda do Paraíba. Engenho de bois. Em 1623, pertencia a Francisco Ál-

vares Romão, produzindo 4 mil arrobas. Moía em 1637, quando era senhoriado por André Dias de Figueiredo. Evacuado em 1646.[12]

13) SÃO FRANCISCO. Sito à margem esquerda do Paraíba. Engenho de bois. Em 1623, pertencia a certo padre Faria, produzindo 4 mil arrobas. Quando da ocupação holandesa, pertencia a Ventura Mendes Castelo, que permaneceu sob o domínio batavo. Moía em 1637 e 1639, com cinco partidos de lavradores, no total de 118 tarefas (4130 arrobas), sem partido da fazenda. Evacuado em 1646.[13]

14) SÃO GONÇALO. Sito à margem esquerda do Paraíba. Engenho de bois de duas moendas, donde ser "um dos principais engenhos [da capitania] movidos por animais". Em 1623, pertencia a Antônio Pinto de Mendonça, que fora tabelião público na Paraíba. Produzia então 3,9 mil arrobas. O proprietário permaneceu sob o domínio holandês. Moeu em 1635 e nas safras seguintes, dispondo de cinco partidos de lavradores e do partido da fazenda (cem), no total de 260 tarefas (9,1 mil arrobas). Em 1640, seus canaviais foram incendiados por Vidal de Negreiros, exceto o partido de Jorge Rodrigues Pereira. Evacuado em 1646.[14]

15) SÃO SALVADOR-NOVO. Também chamado Nossa Senhora da Ajuda. Sito à margem direita do Inhobi. Engenho d'água, recém-fundado em 1606, por Duarte Gomes da Silveira, natural de Olinda e filho de colonos duartinos. A produção do engenho durante o período 1607--14 foi reconstituída por Regina Célia Gonçalves. Duarte Gomes litigou com Ambrósio Fernandes Brandão acerca da utilização das águas do rio Inhobi. Em 1623, Duarte possuíra dois engenhos, que produziam o total de 7618 arrobas. Em 1633, teve permissão régia para instituir

morgado. Em 1634, quando do sítio da cidade da Paraíba, Duarte foi preso por ter participado da resistência, mas permaneceu sob o domínio holandês. Em 1635, o engenho safrejava e junto a ele Duarte construía nova fábrica. Moía em 1637 e 1639, com cinco partidos de lavradores, que forneciam 113 tarefas (5650 arrobas), sem partido da fazenda. Em 1638, Duarte foi preso por suspeita de participação em complô contra o domínio holandês. Em 1639, fundou capela na igreja da Santa Casa da Misericórdia da Paraíba, a cujo fim recebera autorização régia desde 1633. A ela, vinculou o engenho, além de outros bens. Em 1640, seus canaviais foram incendiados por Vidal de Negreiros. Em 1644, Duarte Gomes da Silveira falecera e o São Salvador-Novo e o respectivo morgadio passaram ao genro, Antônio Barbalho Bezerra, senhor do engenho Camaratuba (Paraíba), que naquele mesmo ano assinou com a WIC um contrato de encampação da dívida. Evacuado em 1646. Em 1663, Duarte Gomes da Silveira devia 5356 florins à WIC.[15]

16) SANTOS COSME E DAMIÃO. Também designado por Inhobi. Rebatizado de Amstel. Sito à margem direita do Inhobi. Engenho d'água. O relatório de Van der Dussen o omitiu mas J. A. Gonsalves de Mello o identificou. Foi um dos três engenhos que Ambrósio Fernandes Brandão levantou na Paraíba. Já moía em 1609. Em 1623, com a construção de um terceiro engenho, o Gorjaú, a produção das três fábricas montava a 13 568 arrobas. Falecido Ambrósio, o engenho passou às mãos do seu filho Luís Brandão, que, com o irmão Jorge Lopes Brandão e o sobrinho Francisco Camelo Brandão, retirou-se da capitania quando da sua conquista em 1634. Em 1635, o Santos Cosme e Damião safrejou para a WIC. Com os dois outros engenhos dos Brandões, foi adquirido em 1637 por Isaac de Rasière, comerciante de Amsterdã, de origem flamenga, que servira à WIC na colônia por ela es-

tabelecida às margens do rio Hudson (atual Nova York), regressando depois aos Países Baixos, de onde veio para o Brasil. Rasière comprometeu-se a pagar pelos três engenhos a quantia de 110 mil florins, em seis prestações anuais. Em 1640, os canaviais do Santos Cosme e Damião foram incendiados por Vidal de Negreiros, exceto o partido de Domingos da Silva. Em 1641, o governo do Brasil holandês decidiu que cabia à WIC e não a Rasière a quantia de 4 mil cruzados em açúcar em prestações anuais de duzentas arrobas, correspondente a um partido de cana de setenta tarefas, vendido em 1632 por Luís Brandão a Manuel Dias Pais. Em 1645, Rasière era devedor de 92 590 florins à WIC. Evacuado em 1646. Rasière viveu no Brasil holandês até 1651. Retornando aos Países Baixos, pouco se demorou, seguindo para Barbados, colônia inglesa com forte presença comercial holandesa, e depois para Tobago, de que foi governador. Em 1654, à raiz da restauração portuguesa, Vidal de Negreiros, declarando-se "um soldado pobre", quando, na realidade, já era proprietário de engenho na Várzea do Capibaribe, requeria a doação dos cobres dos engenhos que haviam pertencido a Rasière e dos situados na ribeira do Goiana. El Rei indeferiu o pedido, de acordo com o parecer do Conselho Ultramarino. O engenho foi concedido em administração a João Fernandes Vieira, que o adquiriu em 1663 aos herdeiros dos Brandões juntamente com os dois outros engenhos da família. Em 1663, Henrico Bernarts apresentava à Coroa portuguesa as pretensões de ressarcimento de comerciantes de Amsterdã, credores de Rasière, o qual ainda era devedor à WIC de 92 064 florins.[16]

17) SÃO MIGUEL ARCANJO. Também chamado engenho do Meio. Rebatizado de Middelburgo. Sito à margem direita do Inhobi. Engenho d'água. Foi um dos três engenhos fundados na Paraíba pelo autor dos *Diálogos das*

*grandezas do Brasil*, o cristão-novo Ambrósio Fernandes Brandão, que participara da conquista da capitania e começara a vida como cobrador dos dízimos do açúcar para o contratador Bento Dias Santiago. Anteriormente à sua instalação na Paraíba, Ambrósio fora senhor do engenho São Bento em Pernambuco. O São Miguel Arcanjo já safrejava em 1609. Quando da ocupação holandesa, Ambrósio era falecido e o engenho pertencia a seu neto, Francisco Camelo Brandão, que se retirou com os parentes para a Espanha. Em 1637, confiscado e vendido ao comerciante Isaac de Rasière, juntamente com os dois outros engenhos fundados por Ambrósio na Paraíba, por 110 mil florins. Em 1635, não moía, estando "semiarruinado", mas em 1637 e 1639 já o fazia com quatro partidos de lavradores, no total de 105 tarefas (5250 arrobas), sem partido da fazenda. Rasière deu-lhe a denominação de Middelburgo, cidade da Zelândia onde nascera em 1595. Em 1640, os canaviais foram incendiados por Vidal de Negreiros. Evacuado em 1646. Em 1654, concedido em administração a João Fernandes Vieira, que virá a adquiri-lo a Francisco Camelo ou a seus herdeiros.[17]

18) GURJAÚ. Rebatizado La Rasière. Sito à margem direita do rio homônimo. Engenho d'água. Levantado depois de 1613, sendo cronologicamente o terceiro dos fundados por Ambrósio Fernandes Brandão na capitania. Quando da ocupação, pertencia a seu filho, Jorge Lopes Brandão, que se retirou. Saqueado em 1634 pela tropa holandesa. Em 1635, não moía por encontrar-se "em parte arruinado". Em 1637, confiscado e vendido, com os outros dois engenhos dos Brandões, a Isaac de Rasière pela soma de 110 mil florins, em seis prestações anuais. Continuou sem moer em 1637 e 1639, embora dispusesse de um partido de lavrador de sessenta tarefas (3 mil arrobas), que as moía no engenho São Miguel

Arcanjo, também pertencente a Rasière. Em 1640, foi incendiado por Vidal de Negreiros, "mas o fogo foi extinto". Evacuado em 1646.[18]

19) CAMARATUBA. Invocação Nossa Senhora do Rosário. Sito à margem esquerda do rio homônimo. Engenho d'água. Levantou-o Antônio Barbalho Bezerra em 1609, nas proximidades da aldeia indígena de Maripitanga. Não o menciona, contudo, a relação de 1623. Quando da escala, na baía da Traição, da armada holandesa que evacuara Salvador (1625), ficou "inteiramente arruinado" e, "por causa da penúria do proprietário, não pôde ser posto a moer". Barbalho permaneceu sob o domínio holandês e em 1637 e 1639 o engenho estava moente, dispondo apenas do partido da fazenda (cinquenta tarefas) ou 2,5 mil arrobas. Com a morte do seu sogro, Duarte Gomes da Silveira, herdou o engenho São Salvador-Novo. Em 1644, fez acordo de encampação de dívidas com a WIC. Papel de 1648 relativo à exploração da serra da Copaoba sugere que as terras do Camaratuba, abandonado em decorrência da evacuação da população luso-brasileira em 1646, fossem aproveitadas no cultivo da mandioca para o aprovisionamento das guarnições costeiras. Em 1650, Antônio Barbalho achava-se prisioneiro no Recife, onde obtinha autorização do governo para receber algumas caixas de açúcar destinadas a cobrir seus gastos de manutenção. Em 1663, devia 155 163 florins à WIC.[19]

20) MIRIRI. Sem indicação de orago. Sito à margem direita do rio homônimo. Engenho de bois. Em 1623, pertencia a Francisco Álvares da Silveira, produzindo 753 arrobas. O proprietário permaneceu sob o domínio holandês, mas em 1637 o engenho estava "muito arruinado e não tem cana", e em 1639 continuava "em ruína e os seus canaviais, incultos". Francisco Álvares da Silveira,

que continuava residindo ali, não dispunha dos meios para reerguê-lo. Evacuado em 1646. Em 1663, Francisco Álvares era devedor de 555 florins à WIC.[20]

## IV
## Capitania do Rio Grande

1) POTENGI. Também denominado Utinga. Sem indicação de orago. Sito à margem direita do Potengi. Quando da ocupação holandesa, pertencia a Francisco Coelho, filho de Feliciano Coelho de Carvalho, ex-governador da Paraíba e da capitania de Itamaracá, que fundou o engenho. Em 1637 e 1639, achava-se, "há longos anos", "totalmente arruinado e abandonado", por não ter "terras capazes".[1]

2) CUNHAÚ. Invocação Nossa Senhora do Rosário. Sito à margem esquerda do Curimataú. Engenho d'água, levantado por Jerônimo de Albuquerque Maranhão em sesmaria que, como capitão-mor do Rio Grande do Norte, concedera aos filhos. Construído antes de 1609, pois naquele ano há referência a ele e a que "tem muitas canas em terras que achou para o dito efeito". Quando da ocupação holandesa, o Cunhaú pertencia aos filhos de Jerônimo, Antônio e Matias de Albuquerque Maranhão, que, com a derrota da resistência, retiraram-se da capitania, Antônio fixando-se em Lisboa e Matias no Rio de Janeiro. Em 1636, Balthasar Wijntges, membro do governo do Recife, e George Grastman, comandante da milícia no Rio Grande do Norte, solicitaram que, já tendo sido

> alguns engenhos [...] provisoriamente adjudicados [...] seria conveniente que ali [em Cunhaú] fossem colocadas pessoas de nossa nação, capazes e fiéis, com os quais se possa contar em caso de urgência (como o de invasão

inimiga partindo destas paragens), ocupando-se toda esta região com número suficiente de soldados, o que não poderíamos fazer na hipótese de se mandarem portugueses para lá.

O governo do Recife concordou em que Wijntges e Grastman explorassem provisoriamente o engenho, enquanto um representante da WIC se encarregaria de inventariá-lo. Wijntges e Grastman comprometeram-se a incorrer nas despesas para repô-lo a safrejar, devendo, porém, serem reembolsados, caso a WIC resolvesse reintegrar-se na sua posse. Na hipótese de a WIC decidir vendê-lo, eles teriam preferência na aquisição; e se um terceiro interessado o arrematasse, seriam reembolsados dos gastos efetuados. Planejavam moer em 1636-7. A venda concretizou-se em 1637 por 60 mil florins, em seis prestações anuais, sendo-lhes cedida a fábrica "com todas as terras, plantações de cana, pastos, bosques, casas e outros edifícios da mesma que pertenciam a [Antônio de] Albuquerque, juntando a isso trinta negros e vinte juntas de bois" ali existentes. Só após o pagamento da última prestação, seria entregue a escritura da propriedade. Em 1637 o engenho moía mas em 1638 foi revendido a Willem Beck e Hugo Graswinckel, comerciante que chegara a Pernambuco em 1635. Aparentemente, Wintges e Grastman não haviam pagado sequer a primeira prestação. O total de 60 mil florins foi debitado na conta de cada um dos primeiros compradores pela metade do montante. Dispunha então de quatro partidos de lavradores, no total de 110 tarefas (5,5 mil arrobas), entre eles o próprio George Grastman (trinta). Em 1640, os soldados de Luís Barbalho saquearam o engenho em plena moagem, danificando a casa de purgar e os canaviais e dispersando o gado, com perda de mais de 150 cabeças. Em 1641, os habitantes da freguesia requereram permissão para erguer igreja própria, visto que a capela do engenho seria insuficiente para o número de fiéis. Beck e Graswinckel opuseram-se, de modo que o governo do Recife autorizou apenas a ampliação. Em 1641 Beck era também o contratador da captura do gado alçado da capitania. Em 1642, Graswinckel vendeu sua parte a Mathijs Beck, irmão de Willem. Em 1644, o engenho foi revendido a Gonçalo de Oliveira, sendo evacuado em 1646. Em 1645, Wijntges era devedor de 881 florins à WIC. Graswinckel ainda residia no Recife em 1649. No mesmo ano, Mathijs Beck fez excursão malograda ao Ceará em busca de metais preciosos. Com a capitulação do Recife (1654), ele partiu num navio de refugiados em demanda da ilha de Tobago. Os irmãos Beck instalaram-se depois em Barbados, contribuindo para a melhoria dos métodos de fabricação de açúcar, e em seguida, em Curaçao, da qual foram ambos governador. Em 1645, Willem Beck devia 40027 florins à WIC além de 2614 florins com Jean ten Berge e companhia; Grastman, 3242 florins; e Graswinckel, 763 florins. Em 1663, Graswinckel formulava suas pretensões à indenização pela Coroa portuguesa e o mesmo fazia a viúva de Balthasar Wijntges. Então, a dívida de Mathijs Beck era de pequena importância, uma vez que ele fora creditado "por contratos públicos e por outras razões", mas Willem ainda era devedor da totalidade da soma a que se comprometera, cerca de 30 mil florins. Gonçalo de Oliveira era devedor de 1,8 mil florins à WIC. Após a restauração pernambucana, Matias de Albuquerque Maranhão reintegrou-se na posse do Cunhaú.[2]

# Notas

## I. Capitania de Pernambuco

1 DP, pp. 353, 469, 474; RPFB, p. 204; FHBH, I, pp. 28, 86, 150, 237; RCCB, pp. 44, 155; DN, 2.VIII.1645; "Generale staet", ARA, OWIC, n. 62; J. A. Gonsalves de Mello, *Gente da nação: judeus e cristãos-novos em Pernambuco, 1542-1654,* Recife, 1989, pp. 141, 154.

2 FHBH, I, pp. 28, 87, 151, 237; RCCB, pp. 44, 154, 158; MDGB, pp. 113, 204; VWIC, IV, p. 24; DN, 18.X.1635, 28.V.1637; "Vercochte engenhos", ARA, OWIC, n. 54; "Generale staet", ARA, OWIC, n. 62; NP, I, 183; F. A. Pereira da Costa, *Arredores do Recife,* Recife, 1981, p. 134; J. A. Gonsalves de Mello, *João Fernandes Vieira,* 2 vols., Recife, 1956, I, pp. 53, 204.

3 DP, p. 446; LSUR, pp. 32, 75; RPFB, p. 205; FHBH, I, pp. 28, 87, 151, 237; RCCB, pp. 44, 155-6; MDGB, pp. 113, 116; VL, I, p. 56; II, pp. 42-3, 237; VWIC, III, p. 175; "Generale staet", ARA, OWIC, n. 62; HGP, pp. 28, 87-8, 178, 281; NP, I, p. 199; II, p. 435; J. A. Gonsalves de Mello, *Tempo dos flamengos,* Rio de Janeiro, 1947, p. 189; Evaldo Cabral de Mello, *O nome e o sangue,* 3ª ed., São Paulo, 2009, pp. 113-4, 130, 132.

4 DP, pp. 298, 473; RPFB, p. 204, LPGB, p. 180; FHBH, I, pp. 28, 87, 151; RCCB, p. 45; MDGB, p. 108; VL, I, p. 206; II, p. 42; NP, I, pp. 169, 384.

5 DP, pp. 272-3; IL, 8475; FHBH, I, pp. 28, 87, 151-2, 238; RCCB, p. 45; VL, II, p. 107; NP, I, pp. 152-3, 183, 243, 253, 479; II, p. 451; F. A. Pereira da Costa, "Ori-

gens históricas da indústria açucareira em Pernambuco", *Arquivos da Prefeitura Municipal do Recife*, VI-X (1951), p. 311.

6    DP, pp. 3, 30, 34; IL, 1491, fl. 91v.; RPFB, p. 204; LPGB, p. 181; FHBH, I, pp. 28, 87, 152; RCCB, pp. 45, 155; MDGB, pp. 125, 186; VWIC, IV, p. 138; DN, 3.VIII.1645; NP, II, pp. 215-6; J. A. Gonsalves de Mello, "A finta para o casamento da rainha da Grã-Bretanha e paz da Holanda (1664-1666)", RIAP, 54 (1981), pp. 30, 53; Pereira da Costa, "Origens históricas", pp. 265-6; e *Arredores do Recife*, p. 135.

7    DP, pp. 84, 166; IL, 8475, 9430; RPFB, p. 204; LPGB, p. 181; FHBH, I, pp. 28, 87, 152, 237; RCCB, pp. 45-6, 158; DN, 27.V.1637; "Generale staet", ARA, OWIC, n. 62; Francisco Barreto de Menezes a d. João IV, 7.VIII.1654, AHU, PA, Pco., cx. 4; Pereira da Costa, *Arredores do Recife*, p. 135; Fernando Pio, "Cinco documentos para a história dos engenhos de Pernambuco", RMA, 2 (1969), pp. 26-31; Gonsalves de Mello, *Gente da nação*, p. 174, e *João Fernandes Vieira*, I, pp. 52-3, 58-62, 281-2.

8    FHBH, I, pp. 28, 87, 152, 237; RCCB, p. 46; MDGB, pp. 115, 187; VWIC, III, p. 177; "Vercochte engenhos", ARA, OWIC, n. 53; Co.Uo., 24.IX.1647, AHU, PA, Ba., cx. 5; NP, I, p. 141; Pereira da Costa, *Arredores do Recife*, pp. 131-2; J. A. Gonsalves de Mello, *A cartografia holandesa do Recife*, Recife, 1976, p. 33; e *Gente da nação*, p. 226.

9    "Livro do tombo", p. 490; RPFB, p. 204; FHBH, I, pp. 28, 87, 152, 238; RCCB, p. 46; MDGB, p. 101; VWIC, III, p. 146; DN, 1.VI.1635, 14.V.1638, 4.VII e 5.VII.1641; "Generale staet", ARA, OWIC, n. 62; NP, I, pp. 290, 479; Pereira da Costa, "Origens históricas", p. 312; e *Arredores do Recife*, pp. 99-100; Gonsalves de Mello, *Gente da nação*, p. 224-7, 416-9; Ronaldo Vainfas, *Jerusalém colonial: judeus portugueses no Brasil holandês*, Rio de Janeiro, 2010, pp. 128-9.

10    DP, pp. 273, 343; LUSR, p. 74; RPFB, p. 205; "Livro do tombo", p. 234; LPGB, pp. 181, 349; FHBH, I, pp. 87, 153, 238; RCCB, pp. 46, 151-2, 154; VWIC, IV, pp. 91-2;

DN, 3.X.1640, 2.XII.1644; "Generale staet", ARA, OWIC, n. 62; VL, II, p. 106; HGP, p. 211; NP, I. p. 37; II, p. 88.

11  "Livro do tombo", p. 488; DB, p. 555; DP, pp. 50, 205, 214, 421; RPFB, p. 204; CGS, p. 298; FHBH, I, pp. 28, 87, 153, 238; RCCB, p. 47; VWIC, IV, p. 177; NP, II, p. 258; Pereira da Costa, *Arredores do Recife*, pp. 133-4; Gonsalves de Mello, *João Fernandes Vieira*, I, pp. 53, 60.

12  DP, pp. 428-33; CP, pp. 142-3; IL, 9430; RPFB, p. 204; FHBH, I, pp. 28, 87, 153, 237; RCCB, pp. 47, 152; VWIC, IV, p. 91; DN, 23.VI.1639, 3.X.1640, 5.III.1641; VL, I, pp. 39, 264, 327, 340-1, 344, II, pp. 35, 53, 106; NP, I, pp. 226; Pereira da Costa, "Origens históricas", p. 328; Olímpio Costa Júnior, "O Recife, o Capibaribe e os antigos engenhos", *Revista do Norte* (Recife), série III, n. 2 (1944); Gonsalves de Mello, "A finta para o casamento", pp. 26, 48.

13  "Livro do tombo", p. 236; DP, pp. 90, 271, 281, 285; RPFB, p. 204; CGS, p. 303; LPGB, p. 180; FHBH, I, pp. 28, 87, 153, 237; RCCB, p. 47; MDGB, pp. 116, 184, 186; VWIC, III, p. 177; IV, pp. 23, 142; DN, 23.VI.1639; VL, II, p. 104; HGP, pp. 29, 47; NP, I, p. 148; Pereira da Costa, "Origens históricas", p. 265, e *Arredores do Recife*, pp. 107-8; Gonsalves de Mello, "A finta para o casamento", pp. 25-6, 48.

14  DP, pp. 139-40; IL, 11634; FHBH, I, pp. 87, 153; RCCB, p. 47; MDGB, p. 186; DN, 20.VIII.1638; NP, I, p. 324; Pereira da Costa, "Origens históricas", p. 268; Gonsalves de Mello, *Gente da nação*, p. 188.

15  "Livro do tombo", pp. 70, 119; RPFB, p. 205; LPGB, pp. 206, 301; FHBH, I, pp. 28, 153, 238; RCCB, pp. 47-8, 158; DN, 12 e 18.X.1635, 6.VI.1637; "Vercochte engenhos", ARA, OWIC, n. 54; "Generale staet", ARA, OWIC, n. 62; MDGB, p. 204; HGP, p. 28.

16  RPFB, p. 204; FHBH, I, pp. 28, 154; RCCB, p. 43; "Generale staet", ARA, OWIC, n. 62; VL, I, pp. 148, 205; II, pp. 34, 256; Co.Uo., 12.II.1658, AHU, PA, CX. 4; NP, I, p. 52; "C. J. Wasch, Braziliaansche pretensien Maandblad, 8 (1887)", pp. 75-7; Pereira da Costa, *Arredores do Recife*, pp. 51-8; e "Origens históricas",

p. 264; Gonsalves de Mello, "A finta para o casamento", pp. 25, 47.

17 DP, p. 431; IL, 12967; RPFB, p. 204; FHBH, I, pp. 28, 154, 238; RCCB, pp. 48-9; DN, 22.X e 19.XI.1635, 22.I e 19.V.1636, 26.VIII.1637, 5.XI.1647, 14.II.1651; "Generale staet", ARA, OWIC, n. 62; Francisco Barreto a d. João IV, 7.VIII.1654, AHU, PA, Pco., IV; Pereira da Costa, *Arredores do Recife*, pp. 68-9; Gonsalves de Mello, *Gente da nação*, pp. 185-6; e *A cartografia holandesa do Recife*, p. 33.

18 DP, pp. 340-1, 346; IL, 1332; "Livro do tombo", p. 130; FHBH, I, pp. 154, 238; RCCB, p. 49; Pereira da Costa, *Arredores do Recife*, pp. 127-8; Fernando Pio, "Cinco documentos", p. 27.

19 IL, 7948; LSUR, p. 79; FHBH, I, pp. 29, 88, 154, 236; RCCB, pp. 49, 51; VL, I, p. 265; II, p. 107.

20 DP, pp. 76, 145, 181, 440; RPFB, p. 204, FHBH, I, p. 154; RCCB, p. 49; J. A. Gonsalves [ed.], "Relação de Ambrósio de Siqueira da receita e despesa do Estado do Brasil (1605)", RIAP, 49 (1977), pp. 140, 143, 220; *Gente da nação*, pp. 122-28; e "Documentação histórica pernambucana sobre o açúcar: I. O engenho Camaragibe", *Brasil Açucareiro*, IX.1949, pp. 88-90; e XI.1949, pp. 83-6.

21 FHBH, I, pp. 29, 154; RCCB, pp. 49, 152.

22 "Livro do tombo", p. 288; DP, p. 442; CP, p. 16; RPFB, p. 204; LPGB, p. 181; FHBH, I, pp. 31, 89, 156; RCCB, pp. 51-2, 555; MDGB, pp. 200, 246; VWIC, III, p. 182; IV, p. 126; "Generale staet", ARA, OWIC, n. 62; J. A. Gonsalves de Mello e Cleonir Xavier de Albuquerque [eds.], *Cartas de Duarte Coelho a El Rei*, Recife, 1966, pp. 93, 114; Gonsalves de Mello, *João Fernandes Vieira*, II, p. 205.

23 FHBH, I, pp. 31, 89, 156; RCCB, pp. 52, 152, 154; MDGB, p. 84; NP, I, p. 44; Gonsalves de Mello, *João Fernandes Vieira*, II, p. 205.

24 RPFB, p. 204; FHBH, I, pp. 31, 89, 156; RCCB, p. 52; NP, I, p. 158.

25 RPFB, p. 204; CGS, pp. 163, 298; FHBH, I, pp. 31, 89, 157;

RCCB, p. 53; MDGB, p. 111; ARA, OWIC, n. 50, 7; ARA, OWIC, n. 62; DN, 3.XI.1635; VWIC, IV, pp. 240, 249.

26  RPFB, p. 204; LPGB, p. 181; FHBH, I, pp. 31, 89, 157; RCCB, pp. 53, 156; MDGB, p. 246; VWIC, III, p. 202; IV, p. 260; DN, 3.X.1640, 19.VII.1649, 28.1 e 28.IV.1650; VL, II, pp. 39, 199.

27  RPFB, p. 204; FHBH, I, pp. 31, 89, 157; RCCB, p. 53; VWIC, IV, pp. 236, 260; MDGB, p. 246; J. G. van Dillen, "Vreemdelingen te Amsterdam in de eerste helft der zeventiend eeuw. 1. De Portugeesch Joden", *Tijdschrift voor Geschiedenis*, 50 (1935); procurações de Domingos da Costa Brandão e Manuel Henriques Brandão, 20.IX.1639 e 24.VII.1640, Gemeente Archief (Amsterdã), cartório J. van de Vem, 1054, fls. 124-5v.; e 1055, fls. 212-4; Wasch, "Braziliaansche pretensien", pp. 75--7; Daniel M. Swetschinski, *Reluctant cosmopolitans: the Portuguese Jews of Seventeenth-Century Amsterdam*, Oxford, 2004, p. 116.

28  CP, p. 132; IL, 8475; RPFB, p. 204; "Relação de Ambrósio de Siqueira", pp. 216, 219-20; FHBH, I, pp. 31, 88, 155; RCCB, pp. 54, 152; "Livro do tombo", p. 294; NP, I, p. 336.

29  RPFB, p. 204, FHBH, I, pp. 31, 89, 157; RCCB, pp. 54, 154; Johannnesde Laet e Frederick Schulenborch aos Estados Gerais, [s.l., s.d.], ARA, OWIC, loketkas 15, Staet Generaal; VL, I, p. 323; II, p. 18; NP, I, pp. 111, 366.

30  LSUR, p. 52; RPFB, p. 204; FHBH, I, p. 158; RCCB, p. 54; Pereira da Costa, "Origens históricas", pp. 266, 319-20.

31  FHBH, I, p. 158; RCCB, p. 54; VWIC, III, p. 181; Pereira da Costa, "Origens históricas", p. 319.

32  DP, pp. 231, 260; LSUR, p. 36; RPFB, p. 204; FHBH, I, pp. 29, 87, 154, 236; RCCB, pp. 49, 155; DN, 20.V.1638, 2.VI.1644; VL, II, p. 197; J. A. Gonsalves de Mello, "A autoria dos *Diálogos das grandezas do Brasil*", *Estudos Pernambucanos*, Recife, 1960, pp. 45-66; e *Gente da nação*, pp. 428-30.

33  "Livro do tombo", p. 310; DP, pp. 85, 95, 97-8; LSUR, pp. 32, 36-7; RPFB, p. 204, FHBH, I, pp. 29, 87, 154, 236; RCCB, pp. 50, 151; "Vercochte engenhos", ARA,

OWIC, n. 54; VL, I, p. 338; João Gomes de Melo ao regente d. Pedro, 30.VIII.1671, AHU, PA, Pco., IV; NP, I, p. 346; II, pp. 57, 345-6, 382, 431; Gonsalves de Mello, *Gente da nação*, p. 20.

34 FHBH, I, pp. 29, 87, 155, 236; RCCB, pp. 50, 156; DN, 17.III.1643, 12.X.1644; "Generale staet", ARA, OWIC, n. 62; VWIC, IV, p. 245; J. Nieuhof, *Memorável viagem marítima e terrestre ao Brasil*, 2ª ed., São Paulo, 1951, p. 84; BB, p. 142; VL, I, p. 338; II, 18; MCC, I, pp. 90--1; Ronaldo Vainfas, *Traição: um jesuíta a serviço do Brasil holandês processado pela Inquisição*, São Paulo, 2008, pp. 213, 227, 231, 240, 262.

35 FHBH, I, pp. 87, 155, 236; RCCB, pp. 50, 152; VL, I, pp. 264, 338-9; II, p. 106; HGP, pp. 178, 228; Gonsalves de Mello, *Tempo dos flamengos*, p. 189.

36 DP, p. 518; IL, 12754; LSUR, p. 32; RPFB, p. 204; LPGB, p. 181; "Livro do tombo", p. 234; FHBH, I, pp. 29, 88, 155, 236; RCCB, pp. 50, 158; VWIC, IV, p. 138; MDGB, p. 116; DN, 11.II.1636, 28.V.1637, 19.I e 3.X.1640, 21.XII.1649; "Vercochte engenhos", ARA, OWIC, n. 53; "Generale staet", ARA, OWIC, n. 62; Wasch, "Brasiliaansche pretensien", pp. 75-7; Co.Uo. 6.X.1656, AHU, PA, Pco., CVX. 4; Zacharias Wagener, *Zoobiblion: livro de animais do Brasil* [ed. Edgard de Cerqueira Falcão], São Paulo, 1964, fig. 102; Gonsalves de Mello, *Gente da nação*, p. 184.

37 "Livro do tombo", pp. 318-60, 364-81; fr. Miguel Arcanjo da Anunciação, *Crônica do mosteiro de São Bento de Olinda até 1763*, Recife, 1940, pp. 48, 53, 54, 59, 71-2; FHBH, pp. 32, 88, 155, 236; RCCB, pp. 50-1; DN, 3.XII.1639, 3.X.1640; VWIC, IV, pp. 137-8; VL, I, pp. 115-6; Stuart B. Schwartz, "Os engenhos beneditinos do Brasil colonial", RIAP, 55 (1983), pp. 36-7; F. L. Schalkwijk, *Igreja e Estado no Brasil holandês, 1630--1654*, Recife, 1986, p. 411n.

38 LSUR, p. 37; RPFB, p. 205; FHBH, I, pp. 86, 148, 238; RCCB, pp. 40-1, 151.

39 DP, pp. 20, 170, 280; LSUR, pp. 44-5, 48; RPFB, p. 205; "Livro do tombo", p. 254; CGS, p. 290; FHBH, I, pp. 86, 148, 238; RCCB, p. 41; VL, II, p. 104; HGP, pp. 200, 233;

Fernando Pio, "Cinco documentos", pp. 34-8; Gonsalves de Mello, *João Fernandes Vieira*, I, p. 118; Evaldo Cabral de Mello, "Como manipular a Inquisição", *Um imenso Portugal*, São Paulo, 2002, p. 134.

40 DP, p. 228; "Livro do tombo", p. 70; LSUR, p. 46; RPFB, p. 205; LPGB, p. 180; FHBH, I, pp. 28, 86, 148, 238; RCCB, pp. 41, 156; DN, 28.V.1637, 16.IV.1641; "Vercochte engenhos", ARA, OWIC, n. 54; Wasch, "Braziliaansche pretensien", pp. 75-7; "Generale staet", ARA, OWIC, n. 62; Pereira da Costa, "Origens históricas", p. 275; Cabral de Mello, *O nome e o sangue*, passim.

41 DP, p. 228; LSUR, p. 46; RPFB, p. 205; FHBH, I, pp. 28, 86, 149, 238; RCCB, pp. 41-2, 156; VWIC, IV, p. 159; MDGB, pp. 204, 288; DN, 28.V.1637; "Vercochte engenhos", ARA, OWIC, n. 54; Co.Uo., 26.IV.1651, AHU, PA, Pco., cx. 3; Cabral de Mello, *O nome e o sangue*, passim.

42 DP, pp. 104, 253-4; FHBH, I, p. 149; RCCB, pp. 42, 159; DN, 19.XII.1637, 24.XI.1644; "Rol dos prisioneiros que de presente estão nesta cidade [Bahia]", loketkas 28, Staet Generaal, ARA, OWIC; "Generale staet", ARA, OWIC, n. 62; Wasch, "Braziliaansche pretensien", pp. 75-7; NP, I, p. 139; Gonsalves de Mello, *Gente da nação*, pp. 156, 158.

43 "Livro do tombo", p. 236; DP, p. 149; RPFB, p. 205; FHBH, I, pp. 29, 86, 149, 238; RCCB, p. 42; DN, 11.IX, 16, 17, 18 e 29.X.1647; VL, I, p. 319; II, p. 107; NP, I, p. 488; "Generale staet", ARA, OWIC, n. 62; Wasch, "Braziliaansche pretensien", pp. 75-7; Gonsalves de Mello, *Gente da nação*, pp. 131, 423; Swetschinski, *Reluctant cosmopolitans*, p. 116.

44 IL, 11 636; RPFB, p. 205; FHBH, I, pp. 28, 86, 149-50, 239; RCCB, pp. 42-3, 156; DN, 15.VI.1637, 10.IV.1642, 23.I.1643; "Generale staet", ARA, OWIC, n. 62; "Livro do tombo", pp. 262 ss.; Wasch, "Braziliaansche pretensien", pp. 75-7; J. A. Gonsalves de Mello, *O engenho Guararapes e a igreja dos Prazeres*, Recife, 1958; e *Gente da nação*, pp. 521-2; Cabral de Mello, *O nome e o sangue*, passim.

45 FHBH, I, pp. 86, 150, 238; RCCB, pp. 43, 154.

46  "Livro do tombo", pp. 26-7, 313; VL, I, p. 39; FHBH, I, pp. 29, 86, 150, 238; RCCB, pp. 43, 156; MDGB, p. 204; DN, 17.XII.1639, 3.X.1640; "Generale staet", ARA, OWIC, n. 62; "Rol da finta que se fez na freguesia do Cabo", 1665, AHU, PA, Pco., cx. 5; NP, I, p. 137.

47  FHBH, I, pp. 86, 150, 238; RCCB, pp. 43, 154; Pereira da Costa, "Origens históricas", pp. 270-1.

48  FHBH, I, pp. 85, 146, 237; RCCB, pp. 38, 151; VWIC, IV, p. 240; DN, 3.X.1640; "Generale staet", ARA, OWIC, n. 62; NP, I, pp. 345-6.

49  RPFB, p. 206; LSUR, p. 63; FHBH, I, pp. 29, 60, 85, 146, 237; RCCB, pp. 38-9; VL, I, pp. 265, 326; II, pp. 40, 106; Gonsalves de Mello, *Gente da nação*, pp. 11, 386.

50  DP, pp. 82, 205; LSUR, pp. 45-6; LPGB, p. 181; LSGB, pp. 89, 115; FHBH, I, pp. 29, 85, 146, 237; RCCB, pp. 39, 150; VWIC, IV, pp. 240, 257; "Generale staet", ARA, OWIC, n. 62; MCC, I, p. 54; Co.Uo., 16.VI.1654, AHU, PA, Pco., cx. 4; Joaquim de Sousa-Leão filho, *Engenho Morenos: notas históricas sobre o engenho no centenário do atual solar*, Rio de Janeiro, 1959, pp. 8-9; J. A. Gonsalves de Mello [ed.], *Testamento do general Francisco Barreto de Menezes*, Recife, 1976, pp. 11, 15; James C. Boyagian, *Portuguese bankers at the court of Spain, 1626-1650*, New Brunswick, 1983, pp. 34, 128.

51  DP, p. 21; LSUR, p. 31; RPFB, p. 205; FHBH, I, pp. 85-6, 146-7, 236-7; RCCB, pp. 39, 158; DN, 26.V e 17.VI.1637; "Vercochte engenhos", ARA, OWIC, n. 54.

52  FHBH, I, pp. 29, 86, 147, 236; RCCB, pp. 39; MDGB, p. 184; Johan de Laet e Frederick Schulenborch aos Estados Gerais, [s.l., s.d.], ARA, OWIC, loketkas 15 Staet Generaal, 60; VL, I, pp. 106, 256; HGP, p. 214; NP, I, p. 477; Pereira da Costa, "Origens históricas", p. 269; Cabral de Mello, *O nome e o sangue*, pp. 129-31.

53  DP, pp. 165, 166, 188, 232; LUSR, pp. 44-5, 48; RPFB, p. 205; FHBH, I, pp. 29, 86, 133-6, 147, 237; RCCB, pp. 39-40, 153; "Generale staet", ARA, OWIC, n. 62; VWIC, IV, p. 232; NP, I, p. 127; II, p. 407; Pereira da Costa, "Origens históricas", pp. 267, 269.

54  "Livro do tombo", p. 236; DP, pp. 159-60, 256, 258;

RPFB, p. 204; FHBH, I, pp. 86, 147, 238; RCCB, p. 40; MDGB, pp. 186, 200, 206; DN, 11.V.1638, 15.VIII.1641; Pereira da Costa, "Origens históricas", p. 268; Gonsalves de Mello, *João Fernandes Vieira*, I, p. 60.

55 DP, pp. 137, 191, 220; RPFB, p. 205; FHBH, I, pp. 86, 148, 237; RCCB, p. 40.

56 DP, pp. 177, 462; IL, 2527; Vicente do Salvador, *História do Brasil*, 4ª ed., São Paulo, 1954, pp. 292, 296; CGS, pp. 80, 298; LPGB, p. 181; FHBH, I, pp. 29, 86, 148, 237; RCCB, p. 40; VWIC, IV, p. 232; DN, 1.IX.1638; "Generale staet", ARA, OWIC, n. 62; NP, I, p. 309; Gonsalves de Mello, *Gente da nação*, p. 226.

57 FHBH, I, pp. 84, 143, 239; II, p. 150; RCCB, pp. 34, 153; BNL, FG, códice 1555, fl. 199; MDGB, p. 204; "Generale staet", ARA, OWIC, n. 62; VL, I, p. 205; HGP, pp. 200, 233.

58 DP, p. 75; RPFB, p. 205; FHBH, I, pp. 29, 60, 85, 144, 239; RCCB, pp. 36, 159; MDGB, pp. 186, 261; VWIC, IV, p. 158; DN, 25.VII.1639, 18.IV.1641; BB, p. 141; "Generale staet", ARA, OWIC, n. 62; "Rol da finta que se fez na freguesia do Cabo", 1665, AHU, PA, Pco., cx. 5; NP, I, p. 116; Francisco José Moonen, *Gaspar van der Ley*, no Brasil, Recife, 1968, pp. 37-8; Gilberto Osório de Andrade e Rachel Caldas Lins, *João Pais, do Cabo*, Recife, 1982, pp. 58-63.

59 LSUR, pp. 53-5; LPGB, p. 222; FHBH, I, pp. 29, 58, 84, 143-4, 239; II, pp. 149-50, 190; RCCB, pp. 34-5, 159; DN, 24.XI.1637, 3.X.1640; Eddy Stols, *De Spaanse Brabanders of de handelsbetrekkingen der zuidelijke Nederland met de Iberisch wereld, 1598-1648*, 2 vols., Bruxelas, 1971, II, p. 47; Pedro e Bia Correia do Lago, *Frans Post*, Rio de Janeiro, 2007, p. 391.

60 FHBH, I, pp. 29, 57, 84, 144, 239; RCCB, pp. 35, 153; DN, 21.IV.1638; NP, I, p. 66.

61 DP, p. 28; RPFB, p. 206; FHBH, I, pp. 29, 57, 84, 144, 239; RCCB, p. 35; MDGB, p. 203; DN, 23.VI.1637; "Generale staet", ARA, OWIC, n. 62; "Rol da finta que se fez na freguesia do Cabo", AHU, PA, Pco., cx. 5; Pereira da Costa, "Origens", p. 275; Gonsalves de Mello, *Gente da nação*, p. 413.

62  FHBH, I, pp. 29, 57, 84, 144, 239; RCCB, p. 35; MDGB, p. 203; DN, 23.VI.1637; "Vercochte engenhos", ARA, OWIC, n. 54; Pereira da Costa, "Origens históricas", p. 275; Gilberto Osório de Andrade e Rachel Caldas Lins, *Pirapama*, Recife, 1984, p. 101; Gonsalves de Mello, *Gente da nação*, p. 413.

63  RPFB, p. 205; FHBH, I, pp. 29, 60, 85, 144, 239; II, p. 150; RCCB, pp. 35-6, 155; MDGB, pp. 203, 261; DN, 17 e 21.III.1645; "Generale staet", ARA, OWIC, n. 62; VL, I, pp. 310-1; II, p. 107; "Rol da finta que se fez na freguesia do Cabo", AHU, PA, Pco., cx. 5; Gonsalves de Mello, *Tempo dos flamengos*, p. 189.

64  RPFB, p. 205; FHBH, I, pp. 29, 60, 85, 144, 239; RCCB, pp. 36, 159; MDGB, pp. 186, 261; VWIC, IV, p. 158; DN, 25.VII.1639, 18.IV.1641; BB, p. 141; "Generale staet", ARA, OWIC, n. 62; "Rol da finta que se fez na freguesia do Cabo", 1665, AHU, PA, Pco., cx. 5; NP, I, p. 116; Francisco José Moonen, *Gaspar van der Ley*, pp. 37-8; Osório de Andrade e Caldas Lins, *João Pais, do Cabo*, pp. 58-63.

65  DP, pp. 138-9; RPFB, p. 205; FHBH, I, pp. 29, 85, 145, 239; RCCB, pp. 36, 158; MDGB, p. 203; DN, 18.VI.1637; "Generale staet", ARA, OWIC, n. 62; "Rol da finta que se fez na freguesia do Cabo", 1665, AHU, PA, Pco., cx. 5; Co.Uo., 29.XI.1667, AHU, códice 46; NP, I, p. 73; Osório de Andrade e Caldas Lins, *João Pais, do Cabo*, pp. 67-9.

66  DP, p. 146; FHBH, I, pp. 29, 53-4, 85, 145, 239; RCCB, pp. 36, 153; DN, 16.XI.1635; "Generale staet", ARA, OWIC, n. 62; VL, I, p. 205; II, pp. 8, 86, 114; "Rol da finta que se fez na freguesia do Cabo", AHU, PA, Pco., cx. 5; NP, I, p. 225; Moonen, *Gaspar van der Ley*, p. 34.

67  DP, p. 11; RPFB, p. 205; FHBH, I, pp. 29, 51-3, 85, 145, 238; RCCB, pp. 37, 158; DN, 8.XI.1635, 30.V.1637, 20.IV.1641, 6.II.1645; MDGB, pp. 203, 235; "Vercochte engenhos", ARA, OWIC, n. 53; "Generale staet", ARA, OWIC, n. 62; VL, I, p. 264, II, p. 180; VWIC, IV, p. 225; HGP, pp. 32, 118; "Rol da finta que se fez na freguesia do Cabo", AHU, PA, Pco., cx. 5; Wasch, "Braziliaansche pretensien", pp. 75-7; Pereira da Costa, "Origens histó-

ricas", p. 274; Osório de Andrade e Caldas Lins, *João Pais, do Cabo*, pp. 84-9.

68 RPFB, p. 205; FHBH, I, 53, 85, 145, 239; RCCB, pp. 37, 158; DN, 23.I e 30.V.1637, 23.VII.1639, 3.X.1640, 17.IV.1641; "Vercochte engenhos", ARA, OWIC, n. 53; "Generale staet", ARA, OWIC, n. 62; HGP, p. 110; "Rol da finta que se fez na freguesia do Cabo", 1665, AHU, PA, Pco., cx. 5; Wasch, "Braziliaansche pretensien", pp. 75-7; Osório de Andrade e Caldas Lins, *João Pais, do Cabo*, pp. 54-56.

69 DP, p. 199; LSUR, p. 41; RPFB, p. 205; FHBH, I, pp. 56, 85, 145, 239; RCCB, pp. 37, 155; MDGB, p. 246; "Generale staet", ARA, OWIC, n. 62; "Rol da finta que se fez na freguesia do Cabo", AHU, PA, Pco., cx. 5; NP, II, pp. 72, 378.

70 DP, p. 137; LSUR, pp. 36, 49; "Relação de Ambrósio de Siqueira", pp. 215, 222; RPFB, p. 205; LPGB, p. 181; FHBH, I, pp. 29, 56, 85, 145, 239; RCCB, pp. 38, 155; DN, 28.VII.1637; "Vercochte engenhos", ARA, OWIC, n. 54; "Rol da finta que se fez na freguesia do Cabo", AHU, PA, Pco., cx. 5.

71 FHBH, I, pp. 59-60, 85, 146, 239; RCCB, p. 38; Francisco Barreto a d. João IV, 7.VIII.1654, AHU, PA, Pco., cx. 4; João Gomes de Melo ao regente d. Pedro, 1.IX.1671 e André Pinto Barbosa ao regente d. Pedro, 19.VIII.1673, AHU, PA, Pco., cx. 7.

72 DP, p. 137; FHBH, I, pp. 29, 59, 85, 146; RCCB, pp. 38, 151; Osório de Andrade e Caldas Lins, *Pirapama*, p. 98; "Livro do tombo", pp. 72, 147 ss.

73 FHBH, I, pp. 64-5, 81, 83, 142, 240; RCCB, pp. 31-2; DN, 3.X.1640, 13.I.1644; "Generale staet", ARA, OWIC, n. 62.

74 FHBH, I, pp. 30, 64, 83, 142, 240; II, pp. 153, 192; RCCB, pp. 32, 152; MDGB, pp. 204, 262; DN, 20.VI.1637, 30.IV.1638, 3.X.1640; VL, II, p. 106; NP, I, pp. 68, 128, 205; Gonsalves de Mello, *Tempo dos flamengos*, p. 189.

75 FHBH, I, pp. 30, 82, 142, 240; RCCB, p. 32; MDGB, p. 204.

76 RPFB, p. 206; FHBH, I, pp. 29, 63, 83, 142, 240; II, pp. 153, 192; RCCB, pp. 32-3, 153; DN, 23.VI.1637, 3.X.1640; "Generale staet", ARA, OWIC, n. 62; NP, I, pp. 61-2.

77 "Livro do tombo", p. 491; FHBH, I, pp. 30, 84, 142, 240; RCCB, pp. 32, 155.
78 RPFB, p. 206, FHBH, I, pp. 30, 62-3, 84, 142, 240; II, pp. 153, 192; RCCB, pp. 32-3, 153; DN, 23.VI.1637, 3.X.1640, 12.XII.1644, 11.V.1645; "Generale staet", ARA, OWIC, n. 62; Gonsalves de Mello, *Gente da nação*, p. 186.
79 FHBH, I, pp. 30, 62, 84, 142; II, pp. 153, 192; RCCB, pp. 33, 152; DN, 18.VI.1637; NP, II, p. 37.
80 DP, pp. 353, 474; FHBH, I, pp. 28, 86, 150, 240; II, pp. 154, 192-3; RCCB, pp. 33, 150; DN, 17.VI.1637, 2.VIII.1645; "Vercochte engenhos", ARA, OWIC, n. 54; VL, II, p. 107; HGP, p. 214; "Livro do tombo", pp. 83 ss., 117 ss.; NP, I, pp. 71, 209, 236; II, pp. 133, 161, 395; Gonsalves de Mello, *Gente da nação*, pp. 416-9.
81 DP, pp. 213, 425, 427; RPFB, p. 206; FHBH, I, pp. 61, 84, 143, 239; RCCB, pp. 37, 153, 159; DN, 18.VI.1637, 5.III.1644; "Vercochte engenhos", ARA, OWIC, n. 54; BNL, FG, códice 1555, fl. 199; VL, I, pp. 306, 311-3; "Generale staet", ARA, OWIC, n. 62.
82 DP, pp. 137, 172, 256-7; IL, 13085; RPFB, p. 206; FHBH, I, pp. 30, 61, 84, 143, 239; RCCB, pp. 33, 153; DN, 20.VI.1637; MDGB, pp. 203, 245; VWIC, IV, pp. 27-8; BB, p. 140; "Generale staet", ARA, OWIC, n. 62; HGP, p. 70; NP, I, pp. 428, 450; Gonsalves de Mello, *Gente da nação*, pp. 186-7, 325-8; Vainfas, *Jerusalém colonial*, pp. 273 ss.
83 DP, p. 204; LSUR, p. 31; RPFB, p. 206; FHBH, I, pp. 30, 64, 84, 143, 240; II, pp. 153, 192; RCCB, pp. 33, 150; "O machadão do Brasil", RIAP, 13 (1908), p. 151; DN, 3.X.1640, 21.X.1644; "Generale staet", ARA, OWIC, n. 62; VL, I, pp. 315-6; II, p. 124.
84 RPFB, p. 206; FHBH, I, pp. 30, 61, 84, 143, 240; RCCB, pp. 33-4, 153; MDGB, pp. 203; DN, 19.VI.1637, 3.X.1640, 3.VIII.1645; "Vercochte engenhos", ARA, OWIC, n. 54; HGP, pp. 200, 226-8, 259, 287, 539; Gonsalves de Mello, *Gente da nação*, pp. 427-8.
85 DP, p. 339; FHBH, I, pp. 65, 81, 158, 240; RCCB, pp. 34, 154; DN, 3.X.1640; "Generale staet", ARA, OWIC, n. 62.
86 DP, p. 139; LSUR, p. 32; RPFB, p. 206; FHBH, I, pp. 29, 59, 143, 239; RCCB, pp. 34, 150; VWIC, IV, pp. 240,

|    |    |
|----|----|
|    | 242, 244, 247; DN, 28.VI.1637; "Generale staet", ARA, OWIC, n. 62. |
| 87 | RPFB, p. 206; FHBH, I, pp. 30, 65, 81, 158, 241; RCCB, pp. 55, 159; MDGB, p. 207; DN, 3.VII.1637; "Blaffaert ofte lyste vande dizimos, pensoens ende andere impositien" e "Vercochte engenhos", ARA, OWIC, n. 54; "Generale staet", ARA, OWIC, n. 62; Alvarás, 1650-1, Arquivo Público da Bahia, fl. 2; NP, I, pp. 294, 424; Nieuhof, *Memorável viagem*, pp. 182-3; Gonsalves de Mello, *João Fernandes Vieira*, I, p. 120. |
| 88 | FHBH, I, pp. 30, 60, 65, 82, 158, 240; RCCB, p. 55; HGP, pp. 200, 265; NP, I, p. 425; II, pp. 294-5. |
| 89 | FHBH, I, pp. 30, 65-6, 82, 92, 158, 240; II, pp. 157, 193; RCCB, p. 55; MDGB, p. 207; NP, I, p. 32; II, p. 422. |
| 90 | "Livro do tombo", p. 483; DP, pp. 197, 203, 213; CP, p. 31; LSUR, p. 51; FHBH, I, pp. 30, 66, 82, 158, 241; II, p. 157; RCCB, pp. 56, 157; MDGB, p. 238; VWIC, IV, p. 247; VL, I, p. 257; DN, 13.X.1638. |
| 91 | FHBH, I, pp. 30, 82; II, pp. 157, 193; RCCB, p. 56; VWIC, IV, p. 241. |
| 92 | FHBH, I, pp. 30, 66-7, 82, 159, 241; RCCB, pp. 56, 153; VWIC, IV, pp. 222-3, 227, 241; DN, 22.XI.1641; NP, II, p. 365; Gonsalves de Mello, *Gente da nação*, p. 416. |
| 93 | FHBH, I, pp. 67, 82, 159, 241; RCCB, p. 56. |
| 94 | FHBH, I, pp. 67, 82, 159, 241; RCCB, p. 56; "Memória do que sucedeu no exército de Pernambuco desde 27 de agosto de 1637", BNL, FG, códice 1555, fl. 215; DN, 25.VI.1637; "Vercochte engenhos", ARA, OWIC, n. 54; governo do Brasil holandês aos Estados Gerais, 26.II.1650, ARA, OWIC, loketkas 28; Alvarás, 1650-1, Arquivo Público da Bahia, fls. 2, 35; Nieuhof, *Memorável viagem*, pp. 160, 182-3. |
| 95 | RPFB, p. 206; "Livro do tombo", pp. 556-9; FHBH, I, pp. 30, 65, 82, 159, 241; RCCB, p. 57; MDGB, pp. 90, 207; NP, II, p. 42. |
| 96 | LSUR, p. 52; FHBH, I, pp. 68, 82, 159, 240; RCCB, pp. 57, 153; NP, II, p. 412. |
| 97 | RPFB, p. 206; FHBH, I, pp. 30, 68, 82, 160, 241; RCCB, p. 57; MDGB, p. 207; DN, 11.V.1638, 3.X.1640; "Vercochte engenhos", ARA, OWIC, n. 54; NP, I, p. 149. |

98   "Livro do tombo", p. 39; LSUR, pp. 75-6; RPFB, p. 206; FHBH, I, pp. 30, 83, 160, 241; RCCB, pp. 57, 155; NP, I, p. 149.
99   FHBH, I, pp. 30, 83, 160, 240; RCCB, pp. 57-8, 155; MDGB, p. 246.
100  FHBH, I, pp. 71, 69, 83, 160, 241; RCCB, pp. 58, 154; MDGB, p. 207; DN, 21.IV.1638; "Generale staet", ARA, OWIC, n. 62; NP, II, p. 400.
101  FHBH, I, pp. 69, 83, 160, 242; RCCB, pp. 58, 159; DN, 6.V.1638, 30.VI.1642; MDGB, p. 203; Wasch, "Braziliaansche pretensien", pp. 75-7.
102  FHBH, I, pp. 30, 69, 83, 160; RCCB, p. 58; MDGB, p. 203; VWIC, IV, pp. 227, 289; DN, 19.V.1638; HGP, p. 44; NP, II, p. 32.
103  FHBH, I, pp. 30, 80, 161; II, pp. 163, 183, 194; RCCB, pp. 58, 159; VWIC, III, p. 33; IV, p. 162; DN, 25.XI.1638; "Generale staet", ARA, OWIC, n. 62; VL, II, p. 314; Manuel Diégues Jr., *O banguê nas Alagoas*, Rio de Janeiro, 1949. p. 65.
104  DP, pp. 3-4, 7, 57, 153, 454, 459; "Livro do tombo", p. 236; FHBH, I, pp. 30, 80, 161, 241; VWIC, IV, p. 162; RCCB, p. 59; VL, I, p. 74; Diégues Jr., *O banguê nas Alagoas*, p. 65; Gonsalves de Mello, *Gente da nação*, p. 158.
105  "Livro do tombo", p. 236; RPFB, p. 206; FHBH, I, pp. 30, 80, 161, 241; II, pp. 183, 196, 457-8; RCCB, pp. 59, 156; MDGB, p. 261; VWIC, IV, pp. 163, 208, 219; DN, 15.IV e 17.IX.1647, 6.IV, 5.V, 8.VII, 12.VIII, 12, 19, 30.XI e 7.XII.1649, 10, 17.I.1650; "Generale staet", ARA, OWIC, n. 62; VL, I, pp. 127-8, 325; II, pp. 109, 179, 199; NP, I, p. 100; Gonsalves de Mello, *Tempo dos flamengos*, p. 189; Diégues Jr., *O banguê nas Alagoas*, pp. 30, 67-8.
106  FHBH, I, pp. 80, 161, 241; RCCB, p. 59; Diégues Jr., *O banguê nas Alagoas*, pp. 30, 68.
107  "Relação de Ambrósio de Siqueira", pp. 142, 204; FHBH, I, pp. 30, 80, 161, 242; RCCB, pp. 59-60, 156; MDGB, p. 262; "Generale staet", ARA, OWIC, n. 62; VWIC, IV, p. 162; VL, I, pp. 72-3, 265, 330; II, pp. 110--1; requerimento de Sebastião de Carvalho, 23.IV.1651,

Arquivo Público da Bahia, Alvarás, 1650-81, fl. 46; NP, I, pp. 25, 107, 111; Diégues Jr., *O banguê nas Alagoas*, pp. 28-9, 68.

108  FHBH, I, pp. 30, 80, 161, 241; RCCB, p. 60; MDGB, pp. 213, 224, 227; VWIC, IV, p. 162; DN, 24.V.1635; requerimento de Cristóvão Botelho de Almeida, 17.XI.1638, AHU, PA, Pco., cx. 3; NP, I, pp. 111, 367; Diégues Jr., *O banguê nas Alagoas*, p. 68.

109  FHBH, I, pp. 80, 161; RCCB, p. 60; MDGB, pp. 226-7; Diégues Jr., *O banguê nas Alagoas*, p. 68.

110  DP, p. 423; RPFB, p. 206; FHBH, I, pp. 30, 80, 161-2, 241; II, 181, 196; RCCB, p. 60; DN, 10.VII.1637; "Vercochte engenhos", ARA, OWIC, n. 54; MDGB, p. 227; VWIC, IV, p. 162; BB, p. 142; NP, I, pp. 107-8; Diégues Jr., *O banguê nas Alagoas*, p. 30.

111  FHBH, I, pp. 30, 80, 162, 142; RCCB, pp. 60, 152; VWIC, IV, pp. 162, 219; MDGB, pp. 225, 227; DN, 12.VII.1644; Diégues Jr., *O banguê nas Alagoas*, pp. 29, 65-6.

112  FHBH, I, pp. 30, 80, 162, 243; II, pp. 181, 196; RCCB, pp. 60, 150; "Generale staet", ARA, OWIC, n. 62; VL, II, p. 107; Interrogatório feito a Abraham van Diemen e Hans Holzknecht, 19.IX.1647, Gemeente Archief [Amsterdã], schaef 1294; NP, I, p. 363; Diégues Jr., *O banguê nas Alagoas*, p. 26; Gonsalves de Mello, *João Fernandes Vieira*, I, p. 119.

113  FHBH, I, pp. 80, 162, 242; II, pp. 129-30, 174; RCCB, pp. 61, 151; MDGB, pp. 225, 227; DN, 23.VI.1637, 10.I.1645; "Generale staet", ARA, OWIC, n. 62; "Vercochte engenhos", ARA, OWIC, n. 54; VWIC, IV, p. 207; Procuração de Marten Meynaerts van de Haar, 3.IX.1636, Gemeente Archief (Amsterdã), Cartório J. van de Vem, 1045, fls. 183-183v.; Diégues Jr., *O banguê nas Alagoas*, pp. 49, 70.

114  "Livro do tombo", p. 551; FHBH, I, pp. 30, 80, 162, 242; II, p. 130; RCCB, pp. 61, 152; NP, I, p. 154; Diégues Jr., *O banguê nas Alagoas*, p. 69.

115  "Livro do tombo", p. 56; FHBH, I, pp. 80, 163, 242; II, pp. 129, 135, 178-9; RCCB, 61; DN, 27.I.1643; Diégues Jr., *O banguê nas Alagoas*, p. 71.

116 CGS, p. 293; FHBH, I, pp. 30, 80, 163, 242; II, pp. 125, 129, 137-8, 171; RCCB, pp. 134, 151; VWIC, III, pp. 99--100; DN, 8.VIII e 23.IX.1639, 8.II.1641; "Generale staet", ARA, OWIC, n. 62; Diégues Jr., *O banguê nas Alagoas*, p. 71.

117 FHBH, I, pp. 30, 80, 163, 242; II, pp. 171-2, 126, 195; RCCB, pp. 62, 150; VWIC, III, p. 100; Diégues Jr., *O banguê nas Alagoas*, p. 71.

118 FHBH, I, pp. 15, 163; II, p. 131; RCCB, p. 62; Diégues Jr., *O banguê nas Alagoas*, p. 72.

## II. Capitania de Itamaracá

1 FHBH, I, pp. 31, 90, 165; RCCB, pp. 65, 161; BNL, FG, códice 1555, fl. 202; MDGB, pp. 54, 203; DN, 8.VIII.1637, 2.VI e 26.VIII.1638, 3.X.1640, 20.IX.1646, 5.XII.1650; "Vercochte engenhos", ARA, OWIC, n. 53; "Generale staet", ARA, OWIC, n. 62; VL, I, p. 256; NP, I, pp. 280-1, 324, 332; Gil Maranhão, "As sesmarias de Goiana e os primeiros engenhos de Tracunhaém", RMA, 4 (1970), p. 10.

2 DP, pp. 368, 372; RPFB, p. 204; FHBH, I, pp. 31, 91, 165; RCCB, pp. 65-6, 158; DN, 30.V.1637, 20.IX.1646; "Vercochte engenhos", n. 53; VWIC, III, p. 174; "Generale staet", ARA, OWIC, n. 62; Wasch, "Braziliaansche pretensien", pp. 75-7; J. A. Gonsalves de Mello, *Tempo dos flamengos,* Rio de Janeiro, 1947, p. 165; Gil Maranhão, "As sesmarias de Goiana", p. 10.

3 DP, p. 368; RPFB, p. 196; FHBH, I, pp. 31, 90, 165--6; RCCB, pp. 66, 157, 160; DN, 30.V.1637, 3.X.1640, 20.IX.1646; "Vercochte engenhos", ARA, OWIC, n. 54; Nótulas da Câmara de Amsterdã da WIC, 10.IX.1635, ARA, OWIC, n. 14; VWIC, III, p. 172; VL, I, p. 256; Gil Maranhão, "As sesmarias de Goiana", p. 10; Leonor Freire Costa, *O transporte no Atlântico e a Companhia Geral de Comércio do Brasil* (1580-16663), 2 vols., Lisboa, 2002, I, p. 524.

4 LSUR, p. 132; "Relação de Ambrósio de Siqueira", p. 218; RPFB, p. 196; FHBH, I, pp. 31, 90, 166; RCCB, pp. 66,

161; VWIC, III, p. 171; IV, p. 14; DN, 30.V.1637; "Vercochte engenhos", ARA, OWIC, n. 54; Gil Maranhão, "As sesmarias de Goiana", p. 10; Gonsalves de Mello, *João Fernandes Vieira*, II, p. 205.

5   DP, pp. 12-4, 371; CP, p. 104; RPFB, p. 196; FHBH, I, pp. 31, 91, 166; RCCB, p. 166; NP, II, p. 136; Gil Maranhão, "As sesmarias de Goiana", pp. 15-7.

6   FHBH, I, pp. 31, 91, 166; RCCB, p. 67; DN, 4.XI.1643; NP, II, p. 136; Wasch, "Braziliaansche pretensien", pp. 75-7; Gil Maranhão, "As sesmarias de Goiana", p. 18.

7   FHBH, I, pp. 31, 91, 166; RCCB, pp. 67, 158; MDGB, p. 203; VWIC, III, p. 174; DN, 30.V.1637, 20.IX.1646; Gil Maranhão, "As sesmarias de Goiana", pp. 10, 19.

8   FHBH, I, pp. 31, 91, 166; RCCB, pp. 67, 153; DN, 27.X.1637; Gil Maranhão, "As sesmarias de Goiana", pp. 18-9.

9   LSUR, p. 32; RPFB, p. 196; FHBH, I, pp. 31, 91, 166; RCCB, p. 67; VWIC, III, p. 174; DN, 27.X.1637, 5.III.1639, 20.IX.1646, 19.V.1648; "Generale staet", ARA, OWIC, n. 62; Pereira da Costa, "Origens históricas", pp. 271-3; Gil Maranhão, "As sesmarias de Goiana", pp. 17-8.

10  LSUR, p. 65; RPFB, p. 196; FHBH, I, pp. 31, 91, 167; RCCB, pp. 67, 160; DN, 30.V.1637, 14.I e 30.VI.1638; "Vercochte engenhos", ARA, OWIC, n. 54; "Generale staet", ARA, OWIC, n. 62.

11  FHBH, I, pp. 91, 167; RCCB, p. 68; DN, 20.IX. 1646.

12  FHBH, I, pp. 31, 91, 167; RCCB, p. 68; VWIC, IV, pp. 71, 93; DN, 20.IX.1646.

13  FHBH, I, pp. 31, 91, 167; RCCB, pp. 68, 154; VWIC, IV, p. 94; Gonsalves de Mello, *Gente da nação*, p. 393; Vainfas, *Jerusalém colonial*, pp. 265 ss.

14  RPFB, p. 196; FHBH, I, pp. 91, 167-8; RCCB, pp. 68-9, 152; DN, 17.VII.1644, 20.IX.1646.

15  FHBH, I, pp. 91, 168; RCCB, pp. 69, 150; DN, 20.IX.1646; Gonsalves de Mello, *João Fernandes Vieira*, II, p. 206.

16  FHBH, I, pp. 92, 168; RCCB, p. 69.

17  FHBH, I, pp. 31, 92, 168; RCCB, pp. 69, 157; NP, I, pp. 326-7, 375.

18  FHBH, I, pp. 31, 92, 169; RCCB, pp. 70, 150.

19  LSUR, pp. 46-7; LPGB, pp. 239, 492, 499; FHBH, I,

pp. 31, 92, 169; RCCB, pp. 70, 150, 153; DN, 21.I e 13 e 18.II.1643; NP, II, pp. 179, 233, 241.

20   DP, p. 431; FHBH, I, pp. 92, 169, II, p. 208; RCCB, pp. 70-1, 160; DN, 12.VIII e 10.IX.1638; "Blaffaert ofte lyste vande dizimos, pensões en andere impositien" e "Vercochte engenhos", ARA, OWIC, n. 54; "Generale staet", ARA, OWIC, n. 62; Marcos Galindo e José Luiz Mota Menezes, *Desenhos da terra: atlas Vingboons*, Recife, 2003.

21   FHBH, I, pp. 92, 169; RCCB, pp. 70-1; VL, II, p. 104; HGP, pp. 306, 387.

22   FHBH, I, p. 169; RCCB, p. 71; relatório de Michiel van Goch, sem data mas entre papéis de 1648, CJH, BPB, 1648-9.

## II. Capitania da Paraíba

1   RPFB, p. 194; FHBH, I, pp. 32, 93, 170; II, pp. 48, 70; RCCB, pp. 72, 160; DN, 11.I, 19.I e 3.X.1640, 1.III.1644; "Livro do tombo do mosteiro de São Bento da Paraíba", RAPP, 2 (1946), pp. 444-6; Regina Célia Gonçalves, *Guerras e açúcares: política e economia na capitania da Paraíba, 1585-1630*, Bauru, 2007, pp. 245, 279.

2   DP, pp. 78, 120; RPFB, p. 194; CGS, p. 198; FHBH, I, pp. 32, 93, 171; II, pp. 49, 72; RCCB, pp. 73, 156; VL, I, p. 259; BB, p. 141; "Generale staet", ARA, OWIC, n. 62; BB, p. 141; Irineu Ferreira Pinto, *Datas e notas para a história da Paraíba*, 2ª ed., 2 vols., João Pessoa, 1977, I, p. 23; Gonsalves de Mello, *Gente da nação*, p. 237; e *João Fernandes Vieira*, II, pp. 57-8, 206; Regina Célia Gonçalves, *Guerras e açúcares*, p. 245.

3   LPGB, p. 303; FHBH, I, pp. 32, 93, 171; II, pp. 48, 72; RCCB, p. 73; MDGB, p. 164; DN, 17.VI.1637; "Vercochte engenhos", ARA, OWIC, n. 53; Isaac Commelyn, *Histoire de la vie et actes mémorables de Frédéric Henry de Nassau, prince d'Orange*, Amsterdã, 1656, p. 189; Ferreira Pinto, *Datas e notas*, p. 23; Gonsalves de Mello, *João Fernandes Vieira*, II, p. 206; Gon-

salves de Mello, *A cartografia holandesa do Recife*, p. 33; Regina Célia Gonçalves, *Guerras e açúcares*, pp. 187, 244.

4   CP, p. 133; IL, 6344; LSUR, p. 65; RPFB, p. 194; FHBH, I, pp. 32, 93, 171, II, pp. 49, 73; RCCB, p. 73; VWIC, IV, p. 125; MDGB, pp. 244-5; DN, 19.I.1640; Vicente do Salvador, *História do Brasil*, p. 281; Gonsalves de Mello, *Gente da nação*, pp. 51, 56-7, 65, 73, 191; e *João Fernandes Vieira*, II, p. 206; Regina Célia Gonçalves, *Guerras e açúcares*, p. 244.

5   LPGB, pp. 237, 501-7; "Declaração de Assuerus Cornelisz", Johan de Laet, *Descrição das costas do Brasil*, Rio de Janeiro, 2007, pp. 223-4; FHBH, I, pp. 32, 93, 171; II, pp. 49, 75; RCCB, pp. 73-4, 156; DN, 19.I.1640; Pedro Cadena de Vilhasante, *Relação diária do cerco da Bahia de 1638*, Lisboa, 1941, pp. 96-7; BB, pp. 143--4; HGP, pp. 311, 313-6, 367; Célia Regina Gonçalves, *Guerras e açúcares*, pp. 178, 245, 297.

6   DP, pp. 136, 179, 219; CGS, p. 88; LPGB, p. 181; RPFB, pp. 88-9, 194; "Livro do tombo", p. 518; FHBH, I, pp. 32, 93, 171-2; II, pp. 49, 75; RCCB, pp. 74, 156; DN, 19.I.1640; HGP, pp. 309, 312; Gonsalves de Mello, *Gente da nação*, p. 143; Regina Célia Gonçalves, *Guerras e açúcares*, p. 246.

7   DP, p. 394; RPFB, p. 194; FHBH, I, pp. 32, 93, 172; II, pp. 49, 76; RCCB, p. 74; MDGB, pp. 179, 241-2; DN, 15.VI.1637; "Vercochte engenhos", ARA, OWIC, n. 53; "Livro do tombo do mosteiro de São Bento da Paraíba", p. 446; Regina Célia Gonçalves, *Guerras e açúcares*, p. 247.

8   FHBH, I, pp. 32, 92, 172; II, pp. 49, 76, 110; RCCB, pp. 74-5; DN, 3.II e 15.VI.1637; "Vercochte engenhos", ARA, OWIC, n. 53; BB, p. 144; interrogatório de J. C. Jongeneel, 12.II.1647, ARA, OWIC, n. 62; R. Bylsma, "Rotterdams Amerikavaart in de eerst helft der Zeventiende eeuw", *Bijdragen voor Vaderlandsche Geschiedenis en Oudheidkunde*, 3 (1916), pp. 105, 114; Gonsalves de Mello, *João Fernandes Vieira*, I, p. 120; Cornelis Ch. Goslinga, *The Dutch in the Caribbean*

|    | |
|----|---|
|    | *and on the Wild Coast, 1580-1680*, Assen, 1971, p. 98; Regina Célia Gonçalves, *Guerras e açúcares*, p. 247. |
| 9  | RPFB, p. 194; LPGB, p. 303; Vicente do Salvador, *História do Brasil*, pp. 293-4; FHBH, I, pp. 94, 172; II, pp. 49, 76-7; RCCB, pp. 75, 157; DN, 19.1.1640; Regina Célia Gonçalves, *Guerras e açúcares*, pp. 189, 247. |
| 10 | FHBH, I, pp. 32, 94, 173; RCCB, p. 75; MDGB, p. 179; DN, 19.1.1640; NP, I, p. 401; Gonsalves de Mello, *Tempo dos flamengos*, p. 189; Regina Célia Gonçalves, *Guerras e açúcares*, p. 246. |
| 11 | FHBH, I, pp. 32, 93, 173; II, 49, 76; RCCB, pp. 75, 155, 157; DN, 19.1.1640; "Generale staet", ARA, OWIC, n. 62; Regina Célia Gonçalves, *Guerras e açúcares*, p. 247. |
| 12 | FHBH, I, pp. 32, 93, 173; II, 49, 76; RCCB, pp. 75, 155; DN, 19.1.1640; "Generale staet", ARA, OWIC, n. 62; Regina Célia Gonçalves, *Guerras e açúcares*, p. 247. |
| 13 | FHBH, I, pp. 94, 173; II, p. 75; RCCB, p. 76; Regina Célia Gonçalves, *Guerras e açúcares*, p. 246. |
| 14 | "Livro do tombo do mosteiro de São Bento da Paraíba", p. 449; FHBH, I, pp. 31, 94, 173-4; II, pp. 50, 75; RCCB, p. 76; DN, 19.1.1640, 21.XI.1641; Regina Célia Gonçalves, *Guerras e açúcares*, p. 246. |
| 15 | RPFB, p. 194; FHBH, I, pp. 32, 94, 174; II, pp. 71-2; RCCB, pp. 77, 156; MDGB, pp. 75, 178; DN, 19.1.1640; NP, I, pp. 19-20; Gonsalves de Mello, *Tempo dos flamengos*, p. 189; Regina Célia Gonçalves, *Guerras e açúcares*, pp. 205-6, 245. |
| 16 | RPFB, p. 194; FHBH, I, pp. 31, 94; II, 49, 71; RCCB, pp. 77, 160; MDGB, pp. 164, 179; DN, 19.VI.1637, 19.1.1640, 28.1.1641; "Vercochte engenhos", ARA, OWIC, n. 54; "Generale staet", ARA, OWIC, n. 62; Wasch, "Braziliaansche pretensien", pp. 75-7; Co.Uo., 3.VIII.1654, AHU, PA, Pco., cx. 4; A. J. F. van Laer [ed.], *Documents relating to New Netherlands, 1624-1626*, Califórnia, 1924, pp. XXIV-XXV; Gonsalves de Mello, *João Fernandes Vieira*, II, pp. 204-5; Regina Célia Gonçalves, *Guerras e açúcares*, p. 245. |
| 17 | RPFB, p. 194; Vicente do Salvador, *História do Brasil*, pp. 245, 248; FHBH, I, pp. 31, 94, 174; II, pp. 49, |

71, 109-10; RCCB, pp. 77-8, 160; MDGB, p. 164; DN, 19.VI.1637, 19.I.1640; "Vercochte engenhos", ARA, OWIC, n. 54; Francisco Barreto de Menezes a d. João IV, 7.VIII.1654, AHU, Pco., IV; Gonsalves de Mello, "A autoria dos *Diálogos das grandezas do Brasil*", pp. 53--75; e *João Fernandes Vieira*, II, p. 205; Regina Célia Gonçalves, *Guerras e açúcares*, p. 245.

18  LPGB, p. 303; FHBH, I, pp. 31, 94, 174; II, pp. 49, 71; RCCB, pp. 78, 160; MDGB, p. 169; DN, 19.VI.1637, 19.I.1640; "Vercochte engenhos", ARA, OWIC, n. 54; Regina Célia Gonçalves, *Guerras e açúcares*, pp. 178, 245.

19  FHBH, I, pp. 94, 175; II, p. 89; RCCB, pp. 78, 153; DN, 9.II.1650; NP, I, p. 45; Regina Célia Gonçalves, *Guerras e açúcares*, p. 247.

20  FHBH, I, pp. 32, 94, 175; II, p. 82; RCCB, pp. 78, 151; Regina Célia Gonçalves, *Guerras e açúcares*, p. 247.

## IV. Capitania do Rio Grande

1   "Livro do tombo", pp. 329-30; FHBH, I, pp. 95, 176; RCCB, p. 79; MDGB, p. 134.

2   RPFB, pp. 188, 226; FHBH, pp. 95, 176; RCCB, pp. 79, 156, 161; MDGB, pp. 154-5, 160; DN, 3.IX.1635, 30.I e 4.II.1636, 15.VI.1637, 9.XII.1640, 14.I e 13.II.1641, 12.X.1644, 29.VI.1647, 4.II.1649; "Vercochte engenhos", ARA, OWIC, n. 54; Nótulas da Câmara de Amsterdã da IC, 10.IX.1635, ARA, OWIC, n. 14; Wasch, "Braziliaanschhe pretensien", pp. 75-7; "Generale staet", ARA, OWIC, n. 62; Nieuhof, *Memorável viagem*, p. 61; NP, I, p. 11; F. A. de Varnhagen, *História das lutas com os holandeses no Brasil*, Viena, 1871, pp. 354-60; J. H. J. Hamelberg, *De Nederlanders op de West-Indische Eilanden*, 4 vols., Amsterdã, 1901-9, I, p. 221; Goslinga, *The Dutch in the Caribbean*, pp. 309, 440; Rita Krommen, *Mathijs Beck e a Companhia das Índias Ocidentais*, Fortaleza, 1997.

# Abreviaturas

| | |
|---|---|
| AHU | Arquivo Histórico Ultramarino; Co.Uo.: Conselho Ultramarino; PA: Papéis avulsos. Pco.: Pernambuco; Ba.: Bahia. |
| ARA, OWIC | Algemeen Rijksarchief, Oude West Indische Compagnie, Haia. |
| BB | "A bolsa do Brasil onde claramente se mostra a aplicação que teve o dinheiro dos acionistas da Companhia das Índias Ocidentais no Brasil", RIAP, 28 (1883). |
| BNL | Biblioteca Nacional de Lisboa; FG: Fundo Geral. |
| BPB | Brieven en papieren uit Brazilie, CJH. |
| CGS | *Cartas de d. Álvaro e de d. Gaspar de Souza*, Lisboa, 2001. |
| CJH | Coleção José Higino, Instituto Arqueológico, Histórico e Geográfico Pernambucano. |
| CP | ver DP. |
| DB | *Denunciações da Bahia, 1591-1593*, São Paulo, 1925. |
| DN | Atas do governo holandês do Recife, Coleção José Higino, Instituto Arqueológico, Histórico e Geográfico Pernambucano. |
| DP | *Primeira visitação do Santo Ofício às partes do Brasil: denunciações de Pernambuco. Confissões de Pernambuco, 1593-1595* [ed. J. A. Gonsalves de Mello], Recife, 1984. |
| FHBH | J. A. Gonsalves de Mello [ed.], *Fontes para a história do Brasil holandês*, 2 vols., Recife, 1981-5. |

"Generale staet" "Generale staet van de Geoctroyeerde West Indische Compagnie getroken uit de balance van de generale boecken gesloten ultimo Dec. 1645", ARA, OWIC, n. 62.

HGP — Diogo Lopes de Santiago, *História da guerra de Pernambuco*, 2ª ed., Recife, 1984.

IAHGP — Instituto Arqueológico, Histórico e Geográfico Pernambucano.

IL — Inquisição de Lisboa, Arquivo Nacional da Torre do Tombo, Lisboa.

"Livro do tombo" "Livro do tombo do mosteiro de São Bento de Olinda", RIAP, XLI (1948).

LPGB — *Livro primeiro do governo do Brasil*, 2ª ed., Lisboa, 2001.

LSGB — *Livro segundo do governo do Brasil*, Lisboa, 2001.

LSUR — J. A. Gonsalves de Mello [ed.], "Os livros das saídas das urcas do porto do Recife, 1595-1605", RIAP, 58 (1993), pp. 21-143.

MCC — Virgínia Rau e Maria Fernanda Gomes da Silva, *Os manuscritos do arquivo da Casa de Cadaval respeitantes ao Brasil*, 2 vols., Coimbra, 1956-8.

MDGB — Duarte de Albuquerque Coelho, *Memórias diárias da guerra do Brasil*, Recife 1944.

NP — A. J. V. Borges da Fonseca, *Nobiliarquia pernambucana*, 2 vols., Rio de Janeiro, 1935.

RAPP — *Revista do Arquivo Público de Pernambuco*, Recife.

RCCB — Adriaan van der Dussen, *Relatório sobre as capitanias conquistadas no Brasil pelos holandeses (1639)*, Rio de Janeiro, 1947.

RIAP — *Revista do Instituto Arqueológico, Histórico e Geográfico Pernambucano*.

RMA — *Revista do Museu do Açúcar*, Recife.

RPFB — "A relação das praças-fortes do Brasil (1609) de Diogo de Campos Moreno", RIAP, 57 (1984), pp. 1177-246.

VL — Manuel Calado do Salvador, *O valeroso Lucideno*, 2 vols., Recife, 1985.

"Vercochte engenhos" "Vercochte engenhos en andere landen in de capitania van Pernambuco", ARA, OWIC, n. 54.

VWIC  Johannes de Laet, *Iaerlyck verhael*, 4 vols., Haia, 1931-7.

# Glossário

CONSELHO DOS XIX: Direção da WIC na Holanda.

DÍZIMA: Imposto sobre mercadorias importadas, cobrado nas alfândegas.

DÍZIMO: Imposto sobre a décima parte da produção, de origem eclesiástica, mas recebido pela Coroa portuguesa a pretexto de prover ao trabalho evangelizador no ultramar.

FAZENDA: O fundo territorial de que dispunha cada engenho.

LIBERDADE DOS DEZ ANOS: Completa isenção fiscal concedida pela Coroa durante os dez primeiros anos de funcionamento do engenho.

MEIA LIBERDADE: Meia isenção fiscal concedida durante os dez anos seguintes.

PARTIDO DA FAZENDA: O partido de cana que o senhor de engenho fazia cultivar por seus próprios escravos.

PARTIDO LIVRE: O partido de cana cujas terras pertenciam ao lavrador, não estando assim em princípio obrigadas a uma determinada moenda, salvo na existência de contrato.

PARTIDO OBRIGADO: O partido de cana que estava obrigado à moenda de determinado engenho em decorrência da concessão da terra ao lavrador pelo respectivo senhorio.

PASSO: Armazém, geralmente situado à margem dos rios, onde se depositava o açúcar.

PENSÃO: Imposto pago pelo senhor de engenho ao donatário da capitania.

SISA: Imposto sobre mercadorias objeto de compra e venda, arrecadado nas alfândegas no tocante às mercadorias importadas.

TAREFA: O volume de cana moída em 24 horas.

TRAPICHE: Engenho de bois. Pode designar também o armazém de açúcar.

WIC: West Indische Compagnie.

# Distribuição geográfica dos engenhos de açúcar

CAPITANIA DE PERNAMBUCO
Várzea: 21
São Lourenço: 6
Igaraçu: 10
Muribeca: 10
Jaboatão: 9
Cabo: 16
Ipojuca: 14
Sirinhaém-Una: 16
Porto Calvo: 10
Alagoas: 6
TOTAL DE PERNAMBUCO: 118

CAPITANIA DE ITAMARACÁ
Goiana: 9
Abiaí-Tejucopapo-Araripe: 13
TOTAL DE ITAMARACÁ: 22

CAPITANIA DA PARAÍBA: 20

CAPITANIA DO RIO GRANDE: 2

TOTAL DO BRASIL HOLANDÊS: 162

# Índice dos engenhos

Aiama de Baixo, 74
Aiama de Riba, 73
Algibeira, 93
Algodoais, 105
Alpões, 135
Antônio Bulhões, 97
Antônio Nunes Ximenes, 94
Antônio Vieira, 103
Apipucos, 66
Araquara, 126
Araripe de Baixo, 153
Aratangil, 123

Barreiras, 155
Bartolomeu Lins de Almeida, 139
Bertioga, 117
Biapecu, 152
Bom Jesus (Cabo), 112
Bom Jesus (Ipojuca), 118
Bujari, 149

Camaçari, 99
Camaragibe (Sirinhaém), 126
Camaragibe (Várzea do Capibaribe), 72
Camaratuba, 168
Capibaribe, 145

Carlos Francisco, 61
Caroaçu, 116
Cocaú (Ipojuca), 115
Cocaú (Sirinhaém), 127
Copissura, 150
Cristóvão Botelho, 138
Cristóvão Dias Delgado, 140
Cunhaú, 169

D. Catarina (Sirinhaém), 125
D. Catarina (Várzea do Capibaribe), 67
Domingos Gonçalves Mazagão, 140

Espírito Santo (Igaraçu), 75
Espírito Santo (Paraíba), 161

Garapu, 104
Goiana, 146
Guararapes, 91
Guerra (Cabo), 110
Guerra (Ipojuca), 119
Gurjaú (Jaboatão), 94
Gorgaú (Paraíba), 167

Haarlem, 154

# ÍNDICE DOS ENGENHOS

Ilhetas, 132
Ipitanga, 144
Itapirussu, 124

Jacaré, 147
Jaciru, 132
Jaguaribe, 76
Jaracutinga, 75
Jerônimo Cadena, 159
Jurissaca, 107

Lucas de Abreu, 142

Maciape, 82
Mangaré, 93
Manuel Ramalho, 134
Maranhão, 115
Marapatagipe, 102
Marcos André, 62
Maria Barrosa, 60
Mariúna, 148
Massaranduba, 152
Megaípe, 93
Miriri, 168
Morro, 135
Muribara, 79
Muribeca, 87
Mussumbu, 148
Mussupe, 77
Mussurepe, 84

N. Sra. da Ajuda, 141
N. Sra. da Apresentação, 95
N. Sra. das Candeias, 113
N. Sra. das Chagas, 72
N. Sra. da Conceição (Jaboatão), 96
N. Sra. da Conceição (Cabo), 107
N. Sra. da Encarnação, 141

N. Sra. de Guadalupe, 163
N. Sra. da Guia (Jaboatão), 99
N. Sra. da Guia (Sirinhaém), 133
N. Sra. do Monserrate, 80
N. Sra. da Palma, 130
N. Sra. da Penha de França, 151
N. Sra. do Rosário (Abiaí-Tejucopapo-Araripe), 151
N. Sra. do Rosário (Ipojuca), 118
N. Sra. do Rosário (Sirinhaém), 131
N. Sra. do Rosário (Várzea do Capibaribe), 58, 73
Novo (Alagoas), 142
Novo (Cabo), 104
Novo (Porto Calvo), 139

Obu, 153

Pantorra, 123
Paratibe de Baixo, 78
Paratibe de Riba, 77
Penanduba, 86
Pindoba, 121
Pirajuí, 74
Pirapama, 103
Potengi, 169

Rio Formoso, 128

Sanguá, 128
Santa Luzia (Cabo), 100
Santa Luzia (Ipojuca), 122
Santa Luzia (Paraíba), 163
Santa Madalena, 63
Santana, 98
Santiago Maior, 163
Santo André (Muribeca), 88
Santo André (Paraíba), 159

Santo Antônio (Paraíba), 162-3
Santo Antônio (Porto Calvo), 137
Santo Antônio (Várzea do Capibaribe), 65
Santos Cosme e Damião (Goiana), 149
Santos Cosme e Damião (Paraíba), 165
São Bartolomeu, 91
São Bento, 78
São Brás (Cabo), 113
São Brás (Sirinhaém), 131
São Brás (Várzea do Capibaribe), 57
São Francisco (Paraíba), 164
São Francisco (Porto Calvo), 137
São Gonçalo, 164
São Jerônimo, 64
São João (Cabo), 113
São João (S. Lourenço), 82
São João (Ipojuca), 120
São João Batista, 152
São José, 89
São Miguel, 144
São Miguel Arcanjo, 166
São Pantaleão, 66
São Paulo, 59
São Salvador-Novo, 164
São Sebastião, 58
São Timóteo, 59
São Tomé, 70
Sibiró de Baixo, 114
Sibiró de Cima, 114
Suassuna, 98
Supupema, 90

Tabatinga, 74
Tapu, 150

Tegipió, 71
Tiberi-Santa Catarina, 157
Tiberi-Santiago, 158
Todos os Santos, 130
Tracunhaém de Baixo, 147
Trapiche (Sirinhaém), 129
Trapiche (Abiaí-Tejucopapo-Araripe), 155
Tourlon, 69
Três Reis, 160
Três Reis Magos, 68

Ubaca, 125
Utinga, 100

Velho (Alagoas), 143
Velho (Abiaí-Tejucopapo-Araripe), 155
Velho (Cabo), 108

# Índice dos senhores de engenho

Adriana de Almeida Lins, 108--9, 139
Afonso Neto, 161
Agostinho de Holanda, 90
Alexandre de Moura, governador de Pernambuco, 127
Alexandre de Moura, 92-3
Álvaro Barbalho Feio, 90
Álvaro Fragoso, 124
Álvaro Fragoso Toscano, 125
Álvaro Lopes, 151
Álvaro Velho Barreto, 61
Amador de Araújo Pereira, 120-1, 123
Ambrósio de Abreu, 59
Ambrósio Fernandes Brandão, 78-9, 165, 167
Ambrósio Machado de Carvalho, 68-9
Ana de Castro, 118
Ana de Holanda, 107
Ana Pais d'Altro, 65, 69-70
André Coelho de Faria, 74
André do Couto, 112
André Dias de Figueiredo, 164
André Gomes de Pina, 79
André Gonçalves Pinto, 90
André Magro de Oliveira, 79
André da Rocha, 153, 163
André Soares, 80, 87, 94
André Vidal de Negreiros, 61
Antônio de Albuquerque Maranhão, 169
Antônio de Andrade Caminha, 72
Antônio Barbalho Bezerra, 165, 168
Antônio Barbalho Feio, 144
Antônio de Barros Pimentel, 135
Antônio Borges Uchoa, 60
Antônio de Bulhões, 97-8
Antônio Cavalcanti, 146, 149
Antônio da Costa de Freitas, 151-2
Antônio Dias, 145
Antônio Fernandes Pessoa, 59, 72
Antônio de Freitas da Silva, 70
Antônio Gonçalves da Paz, 115
Antônio de Holanda de Vasconcelos, 145
Antônio Jorge, 73
Antônio Lopes Brandão, 78
Antônio Martins Ribeiro, 141

Antônio Nunes, 59
Antônio Nunes Ximenes, 95
Antônio Pais Barreto, 101
Antônio Pereira Barbosa, 96
Antônio Pinto de Mendonça, 164
Antônio Ribeiro de Lacerda, 116-7
Antônio Rodrigues Moreno, 76, 80
Antônio de Sá da Maia, 88-9, 105
Antônio da Silva, 113
Antônio da Silva Barbosa, 57
Antônio de Sousa de Moura, 71
Antônio de Valadares, 162
Antônio Vieira de Melo, 103-4
Arcângela da Silveira, 83
Arnal de Holanda, 82, 88-90
Arnal de Holanda Barreto, 82

Balthasar Wijntgens, 120, 169-71
Baltasar Rodrigues Mendes, 151
Baltazar de Almeida Botelho, 138
Baltazar Rodrigues Mendes, 153
Bartolomeu Lins de Almeida, 139-140
Belquior Garcia Rebelo, 124
Belquior Luís, 96-7
Bento de Aguiar, 154
Bento Dias de Santiago, 73
Bento Luís de Figueiroa, 97
Branca Mendes, 126
Brásia Rodrigues, 163
Brites de Albuquerque, 105
Brites Mendes de Vasconcelos, 88-90

Carlos Francisco Drago, 61
Catarina de Albuquerque, 87-8

Catarina Camela, 125
Catarina Camela (Jaciru), 132
Catarina de Fontes, 129
Catarina Pais, 68
Catarina Pais Barreto, 107
Charles de Tourlon, 69-70
Clara das Neves, 89-90
Clemente da Rocha Barbosa, 138
Cornelis van Olen, 162-3
Cosma Fróis, 59
Cosmo Dias da Fonseca, 121-3
Cosmo de Oliveira, 150
Cosmo Ruiz, 99
Cosmo da Silveira, 149
Christoffel Eyerschettel, 69
Cristóvão de Alpoim, 135
Cristóvão Botelho, 138
Cristóvão Botelho de Almeida, 138-9
Cristóvão Dias Delgado, 140
Cristóvão de Holanda, 82
Cristóvão Lins (bisavô), 104, 137, 139-40
Cristóvão Lins (bisneto), 138
Cristóvão Pais d'Altro, 63, 65
Cristóvão Pais Barreto, 104
Cristóvão Vaz, 112

Damião Álvares de Teive, 73
Daniel de Haen, 125, 158-9
David van Kessel, 149-50
David de Vries, 135
Diogo de Araújo de Azevedo, 93
Diogo Castro do Rio, 159
Diogo Cavalcanti de Vasconcelos, 61
Diogo da Costa Maciel, 72
Diogo Dias Brandão, 104
Diogo Fernandes, 72-3

Diogo Fernandes Pantorra, 124
Diogo da Fonseca Lemos, 152
Diogo Gonçalves, 65, 69
Diogo Martins Pessoa, 131
Diogo Lopes Lobo, 152
Diogo Nunes Correia, 159
Diogo Pais Barreto, 134
Diogo de Paiva, 148
Diogo Soares, 87, 98
Diogo Soares da Cunha, 80, 87, 98, 142-3
Domingos Bezerra Felpa de Barbuda, 66-7
Domingos Carneiro Sanches, 156
Domingos da Costa Brandão, 76
Domingos Dias de Punha, 147
Domingos Fernandes, 157
Domingos Gonçalves Mazagão, 140-1
Domingos Pinto da Fonseca, 152
Domingos Rodrigues de Azevedo, 144
Domingos Velho Freire, 74
Duarte Dias Henriques, 95-6,
Duarte Gomes da Silveira, 83, 165, 168
Duarte Nunes, 128
Duarte de Sá da Maia, 88-9, 91
Duarte Saraiva, 62-4, 99, 104, 121
Duarte Ximenes, 153

Elbert Chrispynsen, 83-4
Estêvão d'Alpões, 135
Estêvão Alvo, 112
Estêvão Gomes, 73
Estêvão Pais Barreto, 104, 133
Estêvão Pais Barreto, 4º morgado do Cabo, 104

Faria, padre, 164
Feliciano Coelho de Carvalho, 169
Felipa Lopes, 151
Felipa de Melo, 131-2
Felipa de Sá, 91
Felipe de Albuquerque, 130
Felipe Cavalcanti, 100, 146, 149
Felipe Dias Vale, 91
Felipe Diniz da Paz, 94
Felipe Pais Barreto, 105-6
Fernando Gomes, 113
Fernão Martins Pessoa, 67
Fernão de Melo de Albuquerque, 64
Fernão Rodrigues Vassalo, 94
Fernão Soares, 87-8, 98
Fernão Soares da Cunha, 80, 87, 91, 94, 112
Fernão do Vale, 91
Fernão Velho de Araújo, 141
Francisco Álvares Romão, 164
Francisco Álvares da Silveira, 169
Francisco do Amaral, 91
Francisco de Barros Rego, 60
Francisco Berenguer de Andrade (filho), 74
Francisco Berenguer de Andrade (pai), 59
Francisco Camelo Brandão, 167
Francisco Camelo de Valcárcer, 161
Francisco Carvalho de Andrade, 59
Francisco Coelho, 169
Francisco Dias Delgado, 119
Francisco Dourado Siqueira, 152
Francisco Dias Ferreira, 89, 114
Francisco de Faria d'Alpões, 135

Francisco Fernandes, 73
Francisco Fernandes Anjo, 130
Francisco Fernandes do Porto, 126-7
Francisco Gomes Flores, 76
Francisco Homem de Almeida, 148
Francisco Lopes de Orosco, 154-5
Francisco de Lugo Brito, 153
Francisco Monteiro Bezerra, 67
Francisco de Moura (Cocaú), 127-8
Francisco de Moura (Guararapes), 92
Francisco Nunes Barbosa, 79
Francisco Quaresma de Abreu, 75
Francisco do Rego Barros, 82-3
Francisco Soares Canha, 114-5
Francisco Tavares, 57
François Cloet, 141

Gabriel de Pina, 80
Gabriel Soares, 141, 143-4
Gaspar Alves de Puga, 97
Gaspar Caminha, 154
Gaspar Carneiro, 156
Gaspar Correia Rego, 140, 142
Gaspar Dias Ferreira, 86, 88-9, 156
Gaspar Fernandes Anjo, 76, 78
Gaspar de Figueiredo Homem, 147
Gaspar da Fonseca Carneiro, 122
Gaspar Fragoso Toscano, 125
Gaspar Gonçalves Vilas, 122-3
Gaspar van der Ley, 101-2, 106--7, 108
Gaspar de Mendonça, 66

Gaspar de Mere, 102-3
Gaspar Pacheco, 146
Gaspar de Sousa Uchoa, 62-3
George Grastman, 169-71
Gijsbert de With, 70
Gonçalo Mendes Leitão, 78
Gonçalo Novo de Lira, o Moço, 75
Gonçalo Novo de Lira, o Velho, 74-5
Gonçalo de Oliveira, 171
Gregório Lopes de Abreu, 59

Hans Willem Louisen, 146-7, 150
Helmech Fereres, 149
Hendrick Schilt, 120-1
Henrique Afonso Pereira, 59
Henrique de Carvalho, 94
Henrique Nunes Correia, 159
Hugo Graswinckel, 170-71

Inês de Gois de Vasconcelos, 82
Inês Guardês de Andrade, 134
Isaac de Rasière, 165-7
Isabel Cabral, 151
Isabel de Carvalho, 68
Isabel Gonçalves Fróis, 65
Isabel Marreiros, 93
Isabel Pereira, 59

Jacob Cloet, 141
Jacob Corderus, 120
Jacob Dassine, 90-1
Jacob Stachouwer, 61, 99, 133
Jacob Velthuysen, 71
Jacob Vermeulen, 79
Jácoma Lins, 140
Jacques Hack, 58
Jan Cornelisz Jongeneel, 162-3

## ÍNDICE DOS SENHORES DE ENGENHO

Jan van Olen, 162-3
Jan Wynants, 145, 153-5
Jaques Peres, 129
Jerônima de Almeida, 136, 139
Jerônima Cabral Távora, 76
Jerônimo de Albuquerque, 132
Jerônimo de Albuquerque Maranhão, 169
Jerônimo de Almeida, 66
Jerônimo de Ataíde de Albuquerque, 125
Jerônimo Cadena de Vilhasante, 160-1
Jerônimo Cavalcanti, 148-9
Jerônimo Pais d'Altro, 65, 69
Jerônimo Rodrigues, 150
João de Albuquerque, 91
João de Alpoim, 135
João de Barros Correia, 98
João Batista Acióli, 102, 107
João Carneiro de Mariz, 115, 118
João Fernandes de Carvalho, 122
João Fernandes Vieira, 58, 62, 65, 72, 74, 99, 133, 147, 152, 158-60, 166-7
João Gomes de Melo (avô), 107
João Gomes de Melo (neto), 108
João Lins, 140
João Lourenço Francês, 77
João de Mendonça Furtado, 63-4
João Nunes de Matos, 94
João Pais Barreto, o Moço, 1º morgado do Cabo, 109, 111, 147
João Pais Barreto, o Velho, 101, 104-7, 108, 111,133-4
João Pais Cabral, 100-1
João Pais de Castro, 103, 110, 112, 133

João da Paz, 157
João Pessoa Bezerra, 67
João Pires, o Camboeiro, 91
João Rabelo de Lima, 159
João Ramires Tenório, 116
João do Rego Barros, 83
João Rodrigues Caminha, 103
João Soares de Albuquerque, 88
João de Sousa, 107, 147
João do Souto, 163
João Tenório de Molina, 116-8
João de Vera, 112
João Velho Prego, 77
Johan van Rhijenburch, 90
Joost van den Bogaert, 147-8, 150
Jorge Camelo, 160
Jorge Homem Pinto, 147, 157-9, 163-4
Jorge Lopes Brandão, 167
Jorge Rodrigues, 150
Jorge Rodrigues Porto, 77
José de Sá e Albuquerque, 93
Josias Marischal, 156-7
Julião Pais d'Altro, 65, 100

Leonardo Fróis, 65
Leonardo Pereira, 66
Lopo de Abreu, 159
Lourenço Cavalcanti, 145-6
Lourenço Ferreira Bettancourt, 132-3
Lourenço de Sousa de Moura, 70-1
Lucas de Abreu, 142
Luciano Brandão, 150
Luís Brandão, 166
Luís Brás Bezerra, 64
Luís Dias Barroso, 93

Luís Lopes Tenório, 116
Luís Marreiros (filho), 93
Luís Marreiros (pai), 93
Luís Ramires, 58
Luís do Rego Barros, 82
Luís da Silva, 60
Luís de Sousa, 107
Luís de Valença, 99
Luísa Nunes, 61

Maarten Meyenderse, 144
Madalena Gonçalves, 63
Madalena Pinheira, 131
Manuel Barbosa da Silva, 79
Manuel Bezerra, 93
Manuel Camelo de Queiroga, 137
Manuel Correia Pestana, 163
Manuel da Costa Calheiros, 99-
-100
Manuel Fernandes Cruz, 81-2, 99
Manuel Gomes de Melo, 108
Manuel Gonçalves Olinda, 129
Manuel Mesquita da Silva, 115
Manuel de Nobalhas y Urréia, 114
Manuel Nunes Leitão, 87-8
Manuel Pinto Pereira, 128
Manuel Pires Correia, 161-2
Manuel Quaresma Carneiro, 158
Manuel Ramalho, 134
Manuel Rodrigues Nunes, 79
Manuel Saraiva de Mendonça, 63-4
Manuel de Souza Abreu, 99
Manuel Vaz Viseu, 116-7
Margarida Álvares de Castro, 123
Margarida Lemos, 96
Maria de Aguiar, 60
Maria de Albuquerque, 88

Maria Barrosa Pessoa, 60
Maria César, 62
Maria Ferrão, 91
Maria Gonçalves Raposo, 67
Maria Lins, 137
Maria Lopes, 91
Maria de Menaia, 114
Maria de Oliveira, 153
Maria Pessoa, 67
Marcos André, 62
Martim Lopes, 153
Martim Vaz de Moura, 68
Martinus de Coutre, 102
Mateus da Costa, 121-2
Matias de Albuquerque Maranhão, 169
Mathijs Beck, 171
Mência de Moura, 121-2
Menso Fransen, 161
Michiel van Merenbergh, 103
Miguel Álvares de Paiva, 148
Miguel Bezerra Monteiro, 67
Miguel Ferreira, 132
Miguel Pais Barreto, 106
Miguel Fernandes de Sá, 123
Miguel Fernandes de Távora, 123
Miguel Gonçalves Olinda, 129
Moisés Navarro, 92, 107-8

N. Broets, 152
Nicolaas Haen Leupleur, 124, 158
Nicolaas de Ridder, 79, 99, 109-
-11, 133
Nuno Álvares, 57

Ordem beneditina, 84

Pantaleão Monteiro, 66
Paulo de Almeida e Souza, 77

Paulo Bezerra, 64
Paulus Vermeulen, 83-4, 104, 158
Pedro Afonso Duro, 59, 63
Pedro Álvares Madeira, 73
Pedro Cadena de Vilhasante, 160
Pedro Fragoso de Albuquerque, 124
Pedro da Grã de Abreu, 119
Pedro Lahoest, 90
Pedro Monteiro de Queiroz, 74
Pero de Albuquerque, 132
Pero Cardigo, 70
Pero da Costa Favela, 57
Pero da Cunha de Andrade, 58
Pero Dias da Fonseca, 97, 120
Pero Lopes de Vera, 112-3, 131-2
Pero da Rocha Leitão, 73-4
Pieter Seulyn de Jonge, 155-6

Rodrigo de Barros Pimentel, 129, 136-7
Roland Carpentier, 129
Romão Peres, 130
Rui Vaz Pinto, 148

Salvador Jorge, 73
Salvador Soares, 96
Sebastião de Carvalho, 138
Sebastião Coelho, o Boas Noites, 114
Sebastião Dias, 141
Servaes Carpentier, 97, 146, 148
Sigismund von Schkoppe, 109-11
Simão Falcão de Sousa, 68, 98
Simão Ferreira Jácome, 93-4
Simão Lopes, 68
Simão de Paiva, 148
Simão Rodrigues Vila Real, 92-3

Simão Soeiro, 145
Simão Vaz, 72

Vasco Fernandes de Lucena, 73
Ventura Mendes Castelo, 164
Vicente Campelo da Costa, 126
Vicente Fernandes, 76
Vicente Rodrigues Vila Real, 92

Willem Beck, 170-1
Willem Bierboom, 71
Willem Doncker, 111
Willem Placard, 124
Willem Schott, 69

# O Brasil holandês

*Seleção, introdução e notas de*
EVALDO CABRAL DE MELLO

A presença do conde Maurício de Nassau no Nordeste brasileiro, no início do século XVII, transformou Recife na cidade mais desenvolvida do Brasil. Em poucos anos, o que era um pequeno povoado de pescadores virou um centro cosmopolita.

A história do governo holandês no Nordeste brasileiro se confunde com a guerra entre Holanda e Espanha. Em 1580, quando os espanhóis incorporaram Portugal, lusitanos e holandeses já tinham uma longa história de relações comerciais. O Brasil era, então, o elo mais frágil do império castelhano, e prometia lucros fabulosos provenientes do açúcar e do pau-brasil.

Este volume reúne as passagens mais importantes dos documentos da época, desde as primeiras invasões na Bahia e Pernambuco até sua derrota e expulsão. Os textos — apresentados e contextualizados pela maior autoridade no período holandês no Brasil, o historiador Evaldo Cabral de Mello — foram escritos por viajantes, governantes e estudiosos. São depoimentos de quem participou ou assistiu aos fatos, e cuja vividez e precisão remete o leitor ao centro da história.

WWW.PENGUINCOMPANHIA.COM.BR

# Essencial Joaquim Nabuco

*Organização e introdução de*
EVALDO CABRAL DE MELLO

Joaquim Nabuco (1849-1910) foi um dos primeiros pensadores brasileiros a ver na escravidão o grande alicerce da nossa sociedade. Sendo ele um intelectual nascido e criado no ambiente da aristocracia escravista, a liderança pela campanha da Abolição não só causa espanto por sua coragem e lucidez como faz de Nabuco um dos maiores homens públicos que o país já teve.

A defesa da monarquia federativa, a campanha abolicionista, a atuação diplomática, a erudição e o espírito grandioso do autor pernambucano são apresentados aqui em textos do próprio Nabuco, na seleção criteriosa e esclarecedora feita pelo historiador Evaldo Cabral de Mello, também responsável pelo texto de introdução.

Selecionados de suas obras mais relevantes, como *O Abolicionismo* (1883), *Um estadista do Império* (1897), *Minha formação* (1900), entre outras, os textos permitem acompanhar não apenas a trajetória de Nabuco, a evolução de seu pensamento e de suas atitudes apaixonadas, mas sobretudo o tempo histórico brasileiro em algumas de suas décadas mais decisivas.

# Montaigne
# Os ensaios

*Tradução de*
ROSA FREIRE D'AGUIAR
*Introdução de*
ERICH AUERBACH

Personagem de vida curiosa, Michel Eyquem, Seigneur de Montaigne (1533-92), é considerado o inventor do gênero ensaio. Esta edição oferece ao leitor brasileiro a possibilidade de ter uma visão abrangente do pensamento de Montaigne, sem que precise recorrer aos três volumes de suas obras completas. Selecionados para a edição internacional da Penguin por M. A. Screech, especialista no Renascimento, os ensaios passam por temas como o medo, a covardia, a preparação para a morte, a educação dos filhos, a embriaguez, a ociosidade.

De particular interesse para nossos leitores é o ensaio "Sobre os canibais", que foi inspirado no encontro que Montaigne teve, em Ruão, em 1562, com os índios da tribo Tupinambá, levados para serem exibidos na corte francesa. Além disso, trata-se da primeira edição brasileira que utiliza a monumental reedição dos ensaios lançada pela Bibliothèque de la Pléiade, que, por sua vez, se valeu da edição póstuma dos ensaios de 1595.

Esta obra foi composta em Sabon por Alice Viggiani
e impressa em ofsete pela Geográfica
sobre papel Pólen Soft da Suzano Papel e Celulose
para a Editora Schwarcz em maio de 2012

A marca FSC é a garantia de que a madeira utilizada na fabricação do papel deste livro provém de florestas que foram gerenciadas de maneira ambientalmente correta, socialmente justa e economicamente viável, além de outras fontes de origem controlada.